KB167377

_____ 학교 ____ 학년____반 _____ 의 책이에요.

전 세계가 인정한 우리의
세계유산

세계유산이란, '세계유산협약'에 따라 인류 전체를 위해 보호해야 할 가치가 있다고 인정되는 세계 여러 나라의 유산 가운데 유네스코에 등록된 유산을 말해요.

최근 전 세계적으로 자연재해나 전쟁 등으로 파괴될 위기에 처한 인류의 유산이 늘어나고 있어요. 이를 미리 방지하고 보호하고자 1978년부터 유네스코의 세계유산위원회에서는 보호해야 할 가치가 있는 유산들을 세계유산으로 지정하고 있답니다.

인류 전체를 위해 보편적인 가치가 있다고 인정하는 유산을 중심으로 지정하다 보니, 각 나라의 문화와 역사를 대표하는 유산인 경우가 많아요. 따라서 각 나라의 세계유산을 알아보는 일은 곧 그 나라의 고유한 문화를 알 수 있는 지름길이지요.

우리나라는 현재 석굴암과 불국사, 해인사 장경판전, 종묘, 창덕궁, 수원 화성, 경주역사유적지구, 고창·화순·강화 고인돌유적, 제주 화산섬과 용암동굴, 조선왕릉, 한국의 역사마을 : 하회와 양동, 남한산성, 백제역사유적지구, 산사 한국의 산지승원, 한국의 서원이 등재되어 있답니다. 그리고 세계기록유산으로는 훈민정음, 조선왕조실록, 직지심체요절, 승정원일기, 조선왕조 의궤, 해인사 고려대장경판 및 제경판, 동의보감, 일성록, 5·18민주화운동 기록물, 난중일기, 새마을운동 기록물, 한국의 유교책판, KBS특별생방송 '이산가족을 찾습니다' 기록물, 조선왕실 어보와 어책, 국채보상운동 기록물, 조선통신사 기록물이 등재되었어요.

또한 인류무형문화유산으로는 종묘제례 및 종묘제례악, 판소리, 강릉단오제, 강강술래, 남사당놀이, 영산재, 제주칠머리당 영등굿, 처용무, 가곡, 대목장, 매사냥, 줄타기, 택견, 한산모시짜기, 아리랑, 김장문화, 농악, 줄다리기, 제주해녀문화가 있답니다.

이 책에서는 우리나라의 세계기록유산 중 하나인 《승정원일기》에 대해 알아볼 거예요.

세계문화유산

종묘

수원화성

창덕궁

고창 · 화순 · 강화의 고인돌유적

석굴암과 불국사

해인사 장경판전

경주역사유적지구

백제역사유적지구

세계기록유산

조선왕조실록

승정원일기

직지심체요절

훈민정음

조선왕조 의궤

해인사 고려대장경판과 제경판

동의보감

일성록

세계무형유산

종묘제례와 제례악

판소리

강릉단오제

세계자연유산

제주 화산섬과 용암동굴

신나는 교과 체험학습 56

임금의 숨결이 살아 있는 기록 승정원일기

초판 1쇄 발행 | 2007. 12. 28.
개정 3판 4쇄 발행 | 2023. 11. 10.

글 신병주 | 그림 이수인

발행처 김영사 | **발행인** 고세규
등록번호 제 406-2003-036호 | **등록일자** 1979. 5. 17.
주소 경기도 파주시 문발로 197(우10881)
전화 마케팅부 031-955-3100 | 편집부 031-955-3113~20 | 팩스 031-955-31111
사진 서울대학교 규장각 국립고궁박물관 국립중앙박물관 연합뉴스

값은 표지에 있습니다.
ISBN 978-89-349-8687-4 64000
ISBN 978-89-349-8306-4 (세트)

좋은 독자가 좋은 책을 만듭니다. 김영사는 독자 여러분의 의견에 항상 귀 기울이고 있습니다.
전자우편 book@gimmyoung.com | 홈페이지 www.gimmyoungjr.com

어린이제품 안전특별법에 의한 표시사항
제품명 도서 제조년월일 2023년 11월 10일 제조사명 김영사 주소 10881 경기도 파주시 문발로 197
전화번호 031-955-3100 제조국명 대한민국 ⚠주의 책 모서리에 찍히거나 책장에 베이지 않게 조심하세요.

임금의 숨결이 살아 있는 기록

승정원일기

글 신병주 그림 이수인

주니어김영사

조상들의 기록 정신을 찾아 떠나 보아요!

《승정원일기》는 조선 시대 임금의 명령을 담당하던 국가 기관인 승정원에서 기록한 일기예요. 1623년부터 1910년까지 288년 동안 역대 임금들의 하루 일과와 지시, 명령, 조정 회의와 보고, 상소 등에 관한 내용이 모두 담겨 있어요. 그런데 《승정원일기》는 어떻게 구성되어 있으며, 누가 만든 것일까요? 알고 싶다면 《승정원일기》를 만날 수 있는 곳으로 가 보아요. 여행을 가기 전에 이 책을 통해 《승정원일기》에 대해 자세히 알고 간다면 더욱 알찬 여행이 될 거예요.

서울대학교 규장각 http://e-kyujanggak.snu.ac.kr

코스1

서울대학교 규장각 지하 서고에 《승정원일기》가 보관되어 있어요. 우리나라에 한 부밖에 없는 국보이기 때문에 훼손될까 봐 공개하지는 않아요. 그러나 원본을 복제한 영인본 《승정원일기》는 열람실에서 신청하면 볼 수 있답니다. 이 외에도 규장각 전시실에는 《조선왕조실록》과 여러 의궤, 박지원의 《열하일기》를 비롯한 여러 기행문 등을 볼 수 있지요. 이 중 실록은 코너를 따로 마련해 조선 시대에 실록을 보관했던 궤짝과 실록의 자료가 되었던 사초, 실록 복제본을 만들어 전시하고 있어요.

위치	서울대학교 내 규장각
가는 방법	2호선 서울대입구역에서 내려 서울대학교행 버스를 타요. 규장각은 서울대학교 안에 있어요.
관람 시간	월요일부터 토요일까지 매일 오전 9시 30분~오후 5시 30분
관람 방법	서울대학교 규장각 건물 지하 1층에 전시장이 있으며, 관람을 원하는 사람은 언제든지 볼 수 있어요. 규장각에서 보관하는 자료는 열람 신청을 하면 볼 수 있으니 1층 열람실 입구에 있는 보관함에 개인 사물을 넣은 뒤 신청서를 써 내면 된답니다.

코스2

《승정원일기》 http://sjw.history.go.kr

홈페이지에서도 《승정원일기》를 볼 수 있어요. 이 곳에 실려 있는 《승정원일기》는 국사편찬위원회에서 한문을 한글로 번역해서 누구나 읽기 쉽도록 해 놓았어요. 그리고 옛날의 세로쓰기를 가로쓰기로 바꾸었고, 조선의 왕력과 서기 년도를 함께 소개했어요. 단, 역사 용어나 사람 이름, 지역 이름 등은 원래 글자 모양을 그대로 살려 놓았어요. 궁금한 내용은 검색창에 주제어를 입력하면 볼 수 있답니다. 여기에 포함되지 못한 내용은 별도로 뽑아 검색할 수 있도록 해 놓았어요.

상소문을 검색해 볼까?

창덕궁에 가면
꼭 찾아봐야지!

창덕궁 승정원 터
http://www.cdg.go.kr

　종로구에 있는 창덕궁에 가면 《승정원일기》를 보관했던 승정원 터가 남아 있답니다. 창덕궁은 임진왜란으로 경복궁이 불에 타고 난 뒤부터 임금이 업무를 보던 법궁으로 사용되었어요. 그래서 경복궁에 있던 승정원도 창덕궁으로 옮겨졌지요.

　승정원 터는 창덕궁 안 인정전의 동쪽 담벼락 옆에 있으니 창덕궁을 관람하면서 승정원 터도 둘러 보세요. 그 곳에서 《승정원일기》를 기록했던 옛 선조의 꼼꼼한 기록 정신을 느껴 보는 것도 좋겠지요.

　창덕궁 관람은 궁궐 전각과 후원으로 나뉘는데, 승정원 터가 남아있는 궁궐 전각(인정전이 있는 곳)은 월별로 관람 시간이 다르기 때문에 방문하기 전에 꼭 확인해야 해요.

코스3

| 위치 | 창덕궁 안 |
| 가는 방법 | 지하철 3호선 안국역 3번 출구에서 3분 거리에 있어요. 버스(7025, 109, 151, 162, 171, 172, 272, 601)는 창덕궁 버스 정류장에서 내리면 바로 연결돼요. |

관람 시간	
2~5월	09:00~18:00
6~8월	09:00~18:30
9~10월	09:00~18:00
11~1월	09:00~17:30

(입장 마감은 관람 1시간 전이에요.)

| 관람료 | 어른 3,000원, 어린이와 청소년 무료 |

차례

임금의 행적을 기록한 《승정원일기》

조선 시대 조정에서는 여러 가지 기록들을 통해 조선의 역사를 남기고 간직했어요. 그 가운데 대표적인 기록이 《조선왕조실록》《일성록》《비변사등록》《승정원일기》 같은 책들이지요. 또한 국가의 중대한 행사를 예법에 맞게 치르고 후대에 참고할 수 있도록 글과 그림으로 정리한 《의궤》도 있어요. 이런 책들에는 조선 시대의 정치, 사회, 경제 분야의 중요한 사건이 연대별로 기록되어 있어요.

이 가운데 《승정원일기》는 조선 시대의 국가 정책 전반에 걸쳐 날마다 일어난 사건과 나랏일들을 날짜순으로 빠짐없이 기록한 책이에요. 조선 시대를 고스란히 기록하고 있는 책이라고도 할 수 있지요.

자, 그럼 지금부터 《승정원일기》를 꼼꼼히 살펴보면서 흥미진진한 여행을 떠나 보아요.

이건 언제의 기록일까?

《승정원일기》는 어떤 책일까?

《승정원일기》는 조선 시대 왕명의 출납을 맡아 보던 국가 기관인 승정원에서 쓴 일기를 말해요. 왕명의 출납이란 임금이 명령한 내용을 받아 다른 관청에 전달하는 일을 말하지요. 《승정원일기》에는 날마다 조정에서 일어났던 일들이 날짜별로 정리되어 있어요. 원래 조선을 세운 초기부터 하루도 빠짐없이 쓰여진 것으로 알려졌지만, 임진왜란 때 불타 없어지고 지금까지 남아 전해 오는 책은 1623년(인조 1)부터 1910년(융희 4)까지 288년 동안 기록한 3243권이에요.

현재 초서로 쓰여진 원본은 서울대학교 규장각에 소장되어 있어요. 《승정원일기》에 꼼꼼하게 기록된 문자의 양은 무려 2억 4천만여 자에 달하는데, 이는 기록의 양으로 비교했을 때 세계에서 가장 방대한 분량을 자랑하고 있지요. 조선의 역사를 정리한 《조선왕조실록》보다는 4배가 많고, 중국 전체 역사를 기록한 역사서들보다는 무려 6배가 많답니다. 정말 엄청나지요?

게다가 《승정원일기》는 조선 왕조 최대의 비밀 기록서이면서 역사

초서
한자의 열 가지 글씨체 가운데 하나예요. 글자를 이루는 점과 획을 가장 흘려 쓴 서체이기 때문에 일반인이 알아보기 매우 어려워요.

《조선왕조실록》은 어떤 책일까?
조선 시대에 조정에서 일어난 정치, 외교, 경제, 군사, 법률, 사상, 생활 등을 기록한 역사책이에요. 이 책 덕분에 조선 시대에 일어났던 여러 일들을 현대의 사람들이 자세히 알 수가 있답니다. 《승정원일기》가 3243권이라면, 《조선왕조실록》은 1707권이에요.(정족산본 기준) 《조선왕조실록》은 《승정원일기》보다 더 빠른 1997년에 세계기록유산으로 등재되었어요.

영조 12년 5월 5일에 영조 임금이 뭘 했는지 살펴볼까?

적 사료로서도 그 가치가 매우 크답니다. 왜냐하면 역사책을 기록하는 사관에 의해 걸러지지 않고 그때 일어난 사건을 그대로 기록한 책이기 때문이에요. 그러므로 《승정원일기》는 《조선왕조실록》 《일성록》 《비변사등록》과 함께 우리의 역사와 문화를 세계에 알릴 수 있는 자랑스러운 자료이지요.

이러한 《승정원일기》를 한글로 번역하는 일이 한창 진행 중이에요. 2억 4천만여 자를 번역하려면 정말 어마어마한 시간이 걸리겠지요?

음, 이 기록으로 보면 십전대보탕을 올리는 게 좋겠어!

이 많은 분량을 언제 다 읽어 보지?

여기서 잠깐!

무엇에 대한 설명일까요?

다음 문장을 읽고 무엇에 대한 설명인지 알맞은 답을 써 보세요. (   )

① 승정원에서 쓴 일기를 말해요.
② 조선 시대 조정에서 있었던 일을 날짜별로 썼어요.
③ 세계기록유산으로 등재되었어요.

☞ 정답은 56쪽에

1754년 여름에도 비가 많이 내려 온 나라에 물난리가 났군!

승정원은 어떤 기관이지?

승정원은 임금이 내리는 지시 사항이나 명령을 정부 여러 기관과 외부에 전달하는 역할을 담당했어요. 또한 임금에게 보고되는 각종 문서나 신하들의 상소문을 임금에게 전달하는 임무도 맡았지요.

이러한 왕명의 출납은 물론 임금의 가장 가까운 곳에서 나랏일과 관련된 모든 업무를 도왔어요. 임금에게 보고되는 정치적 사건에 관한 일의 처리나 임금의 자문에도 응했지요. 또한 외국 사신의 접대, 종묘제례와 같은 국가 의식에서 임금을 따라 다니며 시중을 들기도 했어요. 뿐만 아니라 죄인을 어떻게 다룰 것인지, 누구를 관리로 임명할 것인지 등 국가 업무의 세세한 분야에까지 참여했답니다.

이 외에도 승정원에서는 궁궐 안에 있는 문들의 자물쇠를 관리하고, 궁궐 안으로 들어오는 사람들에게 출입증을 발급하는 일을 하기도 했어요. 임금이 있는 곳이니

상소문
임금에게 올린 글을 말해요. 신하들은 건의사항이 있을 때 임금에게 상소문을 올려 자기의 생각을 전하기도 했어요.

종묘제례
조선 역대 왕과 왕비의 신위를 모셨던 종묘에서 지내는 제사를 뜻해요.

종묘제례 재현 행사
현재 종묘에서는 해마다 조선 시대에 거행되었던 종묘제례를 그대로 본 뜬 제례를 올리고 있어요.

전하, 화완옹주를 귀양 보내야 한다는 상소문이 자꾸 올라 옵니다.

지난 일이오. 이제 그에 관해서는 어떠한 상소도 올리지 말라고 전하시오!

만큼 경계를 게을리할 수 없었지요. 승정원이 담당했던 이런 일들은 지금의 청와대 비서실이나 경호실에서 맡고 있는 업무와 같다고 할 수 있답니다.

조선 시대의 헌법인 《경국대전》을 보면 승정원은 '왕명을 출납하는 일을 맡는다. 당하관은 모두 문관을 쓴다.'라고 기록되어 있어요. 또한 학자 성현이 쓴 《용재총화》라는 책에는 승정원을 '후설의 직'으로, 승정원에서 일하는 승지를 '은대학사'로 표현하고 있어요. 후설이란 목구멍과 혀란 뜻으로 그만큼 승정원이 임금과 가까이 있는 기관임을 뜻해요. 최고의 권력자인 임금과 가장 가까운 거리에 있었던 승정원은 막강한 권력의 중심지였어요.

출입증을 보여 주시오!

당하관
조선 시대 관리 중에 정3품 이하의 품계를 가진 사람들을 통틀어 일컫던 말이에요. 조정에서 정사를 볼 때 대청에 올라가 의자에 앉을 수 없다는 데서 나왔지요.

승지
승정원에 속하여 왕명의 출납을 맡아보던 정3품의 당상관이에요. 임금의 명령을 비롯해 나라의 중대한 언론을 맡은 신하였지요.

여기서 **잠깐!**

알맞은 기관을 알아맞혀 보아요.

다음은 조선 시대 어떤 기관에 대한 설명입니다.
어떤 기관일까요? (   )

임금님에게 상소문을 전했어요.

임금의 지시 사항을 다른 부서에 알렸어요.

임금의 자문에도 응하였어요.

궁궐의 모든 자물쇠를 관리했어요.

☞ 정답은 56쪽에

9

승정원은 어디에 있었을까?

승정원이 궁궐에서 하는 일은 정말 여러 가지였지요. 그렇다면 임금 바로 옆에서 임금을 돕던 승정원은 어디에 있었을까요?

임진왜란이 일어나기 전까지 승정원은 경복궁 안의 근정전 서남쪽에 있었어요. 그러다가 경복궁이 불타게 되었고, 임금이 머물면서 정사를 돌보던 법궁 역할을 창덕궁이 하게 되었어요. 따라서 승정원도 이때부터 창덕궁의 가장 큰 전각인 인정전 동쪽의 연영문 안에 자리 잡았지요.

창덕궁의 여러 건물과 건물의 지붕 색깔, 화분과 후원, 심지어는 장독대까지 그려진 동궐도에는 승정원의 위치가 자세하게 나온답니다. 지도에서 보면 인정전과 선정전 사이에 은대라는 글씨가 보여요. 은대는 승정원의 다른 이름으로, 주변에는 《승정원일기》를 보관했을 것으로 미루어 짐작되는 문서창고도 있어요. 승정원이 자리 잡았던 곳이 어디인지를 정확하게 보여주는 지도랍니다. 그러나 안타깝게도 이 곳은 현재 빈 터로 변해 버렸어요. 이 지도로 알 수 있는 점은 승정원이 인정전과 선정전에서 매우 가까운 곳에 있었다는 것이에요. 인정전은 국가 행사가 열리거나 어좌를 중앙에 두고 임금이 조정 신하들과 조회를 하던 궁궐의 중심인 정전이에요. 선정전 역시 임금이 나랏일을 보던 편전의 역할을 하던 곳이지요.

당시 대부분의 관청은 궁 바깥, 광화문 앞의 육조 거리에 있었는데, 승정원만은 궁궐 안에 자리 잡고 있었던 것이에요. 이는 항상 임금을 가까이에서 모시기 위한 배려였다고 할 수 있지요. 더구나 궐 밖에 있던 관리들이 임금을 만나기 위해서는 언제나 승정원이 위치한 길목을 지나야 했답니다.

법궁
임금이 사는 궁을 가리키며 궁궐 가운데 으뜸이 되는 궁궐을 말해요. 우리나라의 으뜸 궁궐은 경복궁이지만 경복궁이 불타면서 창덕궁이 법궁으로 사용되었어요.

은대(銀臺)
인정전과 선정전 사이에 있는 은대는 승정원의 다른 이름이에요.

정전
임금이 신하들에게 조례 의식을 받거나, 외국 사신들을 접견하는 등 국가의 공식적인 행사를 하던 곳으로 법전이라고도 해요.

창덕궁 인정전
인정전은 역대 임금들의 즉위식이 열리고 만조백관의 축하를 받는 의식을 치렀던 곳이에요. 승정원은 이곳 동쪽에 있었지요.

승정원 터
창덕궁의 인정전 동쪽에 승정원 건물이 있었어요. 현재는 그 터만 남아 있답니다.

동궐도
1830년(순조30) 이전에 도화서 화원들이 그린 것으로 추정되는 지도예요. 다른 궁궐 지도가 평면적으로 그려진 데 비해 이 지도는 건물이나 전경을 입체적으로 잘 표현했어요.

🖼️ **현판**
글자나 그림을 새겨 문 위나 벽에 다는 널조각으로 흔히 절이나 누각, 사당, 정자 따위의 들어가는 문 위, 처마 아래에 걸어 놓아요.

이런 중요한 곳에 자리 잡은 승정원에는 널따란 마루가 있었고, 현판에는 '육선루'라고 쓰여 있어요. 이 말을 풀이하면 '여섯 명의 학식이 높은 사람이 머무르는 누각'이라는 뜻이에요. 아마 승정원의 여섯 승지를 가리키는 말인 듯해요.

《승정원일기》의 기록을 주로 맡았던 주서 두 명과 사변가주서는 승정원의 북쪽 방에 머물렀는데 이 방을 당후라고 했어요.

육조 거리가 뭘까?

육조 거리는 광화문 앞에서 현재 광화문사거리까지에 이르는 큰 길을 가리켜요. 조선 시대 한양의 육조 거리는 1394년 한양으로 도읍을 옮기면서 정궁인 경복궁이 세워지고, 의정부를 비롯한 이조·호조·예조·병조·형조·공조의 육조 등 주요 관아가 경복궁의 정문인 광화문 앞 좌·우에 들어서면서부터 형성되었어요. 이 거리는 대궐로 통하는 길, 도성 내 가장 중심 도로였답니다.

《승정원일기》는 누가 썼을까?

승정원에는 여섯 승지와 주서 두 명, 그리고 이들을 보좌하는 하급 벼슬아치들이 있었지요. 승정원 관리들에 관한 규정은 《육전조례》라는 책을 보면 알 수 있는데, 오늘날 대통령 비서실장에 해당하는 도승지를 비롯해 좌승지, 우승지, 좌부승지, 우부승지, 동부승지 등 정3품의 벼슬아치들이었어요. 이들은 조선 시대 국가 운영의 기본이 되는 육조의 업무를 나누어 맡았지요. 뿐만 아니라 경연에 참여하거나, 역사서를 편찬하는 기관인 춘추관에서 역사서 편찬을 담당했어요.

이들 승지들은 새벽마다 승정원에 출근해 그날 처리할 업무들을 나누어 맡았어요. 조선 시대 임금에게 보고되는 모든 문서는 먼저 승정원을 거쳐야 했어요. 그러면 승정원에서는 각자 육조의 업무를 분담해 문서를 검토한 다음 이를 임금에게 보고했는데, 이를 '계'라고 했어요. 또 임금이 결재를 마치면 '계'라는 도장이 찍혔어요. 그러면 승지들은 이를 다시 각 관청으로 전달했던 것이지요.

육조
나라의 정치적인 일을 나누어 맡아보던 여섯 개 국가 기관을 말해요.

경연
임금과 신하가 함께 모여 학문을 토론하는 것을 말해요.

춘추관
조선 시대에 정치에 관한 기록을 맡아 보던 관아예요. 태조 때에 예문춘추관을 두었다가 태종 때에 예문관, 춘추관으로 독립시켰지요.

이런 과정에서 승지의 역할은 단순히 문서를 보고하는 기능에 머물지 않았어요. 모든 나랏일이 승정원을 통해 보고되는데 그 분량이 얼마나 많았겠어요. 그래서 승지들은 임금이 읽기 쉽도록 정사를 간추려 보고했답니다. 그 과정에서 승지 개인의 정치적 경험에서 나온 의견을 보태기도 했어요. 이로 미루어 승정원은 보고 기관이라기보다 핵심적인 정책 기관이었던 셈이지요.

승지들은 보통 신시(오후 3시~오후 5시)가 되면 퇴근을 했고, 두 명씩 돌아가며 밤에도 승정원을 지켰어요. 밤에도 급한 업무가 생기면 바로 처리할 수 있도록 말이에요. 그래서 승정원에는 밤에도 불이 꺼지지 않았답니다.

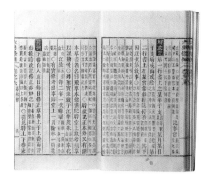

《육전조례》
우리나라 여러 관청의 기록에 실려 있는 사례를 뽑은 것으로 당시의 행정을 알아보는 데 큰 도움을 주고 있어요.

13

기사관
조선 시대 춘추관에서 일하는 관리를 말해요. 품계는 정6품에서 정9품까지 있었어요.

두 명의 주서는 승지의 지휘를 받아 승정원 안의 기록과 문서를 관리했고, 왕명이나 승지의 지시에 따라 관청끼리의 업무 연락 등을 담당했지요. 또한 춘추관 **기사관**까지 함께 맡아 실질적으로 역사 기록을 담당하고, 《승정원일기》의 편찬에도 참여했어요.

그 밖에도 주서를 도와 문서의 기록과 관리를 맡아보는 서리, 심부름을 하던 사령, 대궐 안의 육조에 속해서 마당을 쓸고 물을 긷는 일을 맡아 하는 수공 등이 있었지요. 이처럼 승정원에 부속된 관리들까지 합하면 승정원에는 적어도 업무를 도와 주는 하급 관리들이 60~70명 정도 있었고, 이 사람들이 조직적으로 부서를 이루었던 곳이라고 할 수 있답니다.

여기서 **잠깐!**

빈 칸에 알맞은 말을 써 보세요.

다음은 승정원의 조직도예요. 승정원에서 일하는 여섯 명의 승지들은 육조의 업무를 나누어 맡았어요. 육조 가운데서 어떤 승지가 다음의 일을 맡았는지 표를 보고 찾아보세요.

```
        도승지 ─ 이방 ─ 이조
   ┌──────┬──────┬──────┬──────┐
 좌승지   우승지  좌부승지 우부승지 동부승지
   │      │      │      │      │
  호방    예방    병방    형방    공방
   │      │      │      │      │
  호조    예조    병조    형조    공조
```

이조 (도승지) – 문관을 임명하고 월급을 책정하며, 관원을 뽑는 일을 주로 맡아보던 관아예요.

병조 (　　　) – 군사와 중앙 관아의 공문을 지방 관아에 전달하며 외국 사신의 왕래, 벼슬아치의 여행과 부임 때 탈 말을 공급하는 일을 맡아보던 관아예요.

예조 (　　　) – 궁중의 음악과 제사, 과거 따위에 대한 일을 맡아보던 관아예요.

호조 (　　　) – 백성의 수와 거두어들이는 세금에 관한 일을 맡아보던 관아예요.

공조 (　　　) – 국가의 토목 공사와 도량형의 제작을 맡아보던 관아예요.

형조 (　　　) – 사법과 형벌에 관한 일을 맡아보던 관아예요.

☞ 정답은 56쪽에

왜 《승정원일기》가 필요했을까?

　임금의 행동 하나하나와 임금과 신하들이 얼굴을 맞대고 의논한 나랏일 전체가 하루도 빠짐없이 기록된 《승정원일기》는 정말 훌륭한 가치를 지니고 있으며, 다음 세대를 살고 있는 우리에게 큰 도움이 되고 있어요. 그것은 과거의 사회 모습과 생활 모습을 마치 거울을 보는 것처럼 정확하고 자세하게 들여다볼 수 있게 해 주거든요. 지금뿐만 아니라 《승정원일기》가 당대에도 좋은 자료가 됨은 마찬가지였어요. 조선 시대의 임금은 국가적으로 해결해야 할 어려운 문제가 생겼을 때, 그리고 정책을 세우는 데 참고할 만한 일이 있을 때면 반드시 《승정원일기》에서 그 사례를 찾아보았어요. 그렇기 때문에 《승정원일기》는 국가를 다스린 경험을 통째로 모아 놓은 자료일 뿐만 아니라 정책 수립의 기본 자료가 되었던 것이지요.

　만약 《승정원일기》가 만들어지지 않았다면 과거 왕실의 규범과 양식, 정책 관례 등을 알 수 없었을 거예요. 조선 제21대 임금 영조가 불타 없어진 《승정원일기》를 다시 만들려는 정책을 세운 것도 이런 까닭에서랍니다.

　1910년(고종 31) 6월을 끝으로 《승정원일기》라는 이름은 역사 속으로 사라지고 말아요. 그 이유는 자기들의 이익을 앞세워 힘으로 다른 나라를 누르고자 했던 근대 역사의 소용돌이 속에서 조선이 나라를 자주적으로 지킬 힘이 약했던 때문이지요. 그럼에도 《승정원일기》는 1910년까지 근대 역사에서 힘을 발휘하고자 했던 조선의 마지막 숨소리까지 기록하며 책임을 다하고자 했어요.

기록은 정말 중요하구나! 나도 이제부터 일기를 열심히 써야 겠다.

정세에 따라 이름이 바뀌다

조선은 임금과 조정 대신들이 모여 나랏일에 대해 서로 토의하면서 이끌어 온 나라예요. 그런데 1894년에 권력을 잡은 개화당이 전통적으로 내려오던 통치 방식을 서양의 근대적인 체제로 바꾸려고 시도했어요. 이것이 갑오개혁이랍니다. 빠르게 변화하는 근대의 역사에서 다른 나라와 경쟁하려면 조선도 조금이라도 빨리 서양의 문물을 받아들여 새롭게 나라의 기틀을 다져야겠다고 생각한 거예요. 그래야 강제로 개항을 요구하는 힘센 나라들에게서 나라를 지킬 수 있다고 판단했거든요.

개화당은 조정의 조직을 새롭게 했어요. 다시 말해 궁중의 일과 나랏일을 엄격히 구분하여 각각 궁내부와 의정부로 나누었고, 특히 의정부의 우두머리

갑오개혁은 어떤 변화를 담고 있었을까?

1894년에 집권한 개화당 정권이 전통적으로 내려오던 체제를 서양의 근대적인 체제로 개혁한 일을 말해요. 일본과 가까웠던 김홍집의 개화당은 한국 최초의 헌법으로 여겨지는 〈홍범14조〉를 발표하는 등 새로운 국가의 체계를 세우려고 했어요. 이들이 가장 먼저 한 일은 행정 조직을 바꾸는 것이었어요. 그 밖에도 노비를 없애고 양반과 평민을 차별하지 말자는 등의 많은 일을 건의했지만 실제로 이루어지지는 않았어요.

《승정원일기》의 이름은 어떻게 변해 왔을까?

1894년 7월
갑오개혁으로 관제가 개편됨에 따라 《승선원일기》로 바뀜.

1894년 10월
승선원이 폐지되고 궁내부가 담당하면서 《궁내부일기》로 명칭이 바뀜.

1895년 4월
궁내부 내의 시종원, 즉 비서감이 맡으면서 《비서감일기》가 됨.

1907년 11월
규장각에서 궁중 기록을 맡게 되어 《규장각일기》로 명칭이 바뀜.

1905년
다시 '비서감'으로 명칭이 바뀌면서 《비서감일기》가 됨.

1895년 11월
비서감이 독립하여 '비서원'으로 바뀌어 《비서원일기》가 됨.

1910년 8월
《규장각일기》는 한일 병합으로 규장각이 폐지되면서 더 이상 기록되지 않음.

를 총리대신으로 삼아 모두를 아우를 수 있도록 힘을 주었어요. 전체적으로는 의정부에 힘을 실어 주는 방향으로 개편이 이루어졌지요.

이 과정에서 승정원의 이름도 바뀌었어요. 승정원은 궁내부에 속한 '승선원'으로 이름이 바뀌면서 그 권한까지 크게 줄었어요. 지금으로 말하면 승정원이 임금의 비서실이었으니, 임금의 권한이 줄면서 당연히 비서실의 권한도 줄어든 것이지요. 이 때 《승정원일기》는 《승선원일기》라는 이름으로 바뀌었다가 다시 《궁내부일기》로 바뀌었답니다.

그러다가 1895년 4월에 궁내부는 또다시 조직을 개편하여 이제 궁내부 아래에 시강과 시종의 업무를 나누었어요. 여기서 시강은 왕실의 교육을 맡은 부서이고, 시종은 임금의 비서 역할을 하면서 옷과 물건을 주로 관리하는 일을 맡았어요.

한 달에 한 권은 반드시 기록하라! 《승정원일기》는 반드시 그 다음 달 안으로 완성해 보존했어요. 1605년 1월의 일기는 늦어도 1605년 2월 28일까지 완성해야 했다는 뜻이지요. 한편 일기를 고칠 경우도 있었겠지요? 만약에 이 일기의 내용을 고칠 경우에는 그것의 근거를 담당한 사람과 고친 사람의 이름을 적어서 책임을 분명히 가렸답니다.

여기서 잠깐!

문제를 읽고 생각해 보아요.

《승정원일기》에 관한 설명이에요. 조선 시대에는 여러 기록들이 전해져 내려와요. 그 중 《승정원일기》는 임금의 행적과 나랏일 전체를 하루도 빠짐없이 기록한 자료로 그 가치가 오늘날에 더 큰 빛을 발하고 있어요. 그렇다면 조선 시대에 《승정원일기》가 왜 필요했는지 그 까닭을 생각해 보고 알맞은 답을 모두 맞혀 보세요.

(   ), (   )

① 왕실의 규범과 양식, 정책 관례 등을 후대에 남기기 위해
② 국가적으로 해결해야 할 어려운 문제가 생겼을 때 참고하기 위해
③ 어느 나라나 이런 기록들을 다 남겼기 때문에

☞ 정답은 56쪽에

이 곳에서 임금의 주요 활동에 대한 기록을 맡게 되어 《궁내부일기》의 이름은 시종원의 《비서감일기》로 되었다가 같은 해 11월에 《비서원일기》로 바뀌어요. 그리고 1905년에 다시 《비서원일기》로, 1907년에는 규장각에서 맡아 하면서 《규장각일기》로, 1910년에 규장각이 사라지면서 폐지되고 말았어요.

이렇게 승정원의 이름이 계속 바뀐 흔적은 책의 제목에서도 드러나요. 현재 규장각에는 《승선원일기》 《궁내부일기》 《비서감일기》 등 승정원의 명칭이 바뀌면서 쓰인 여러 제목의 책이 있어요. 비록 제목은 다르지만 모두 임금의 비서실에서 기록한 일기라는 공통점을 갖고 있어서 모두 《승정원일기》라 해도 무리가 없답니다.

이렇게 자주 바뀌었던 《승정원일기》의 이름을 보면 1890년대 이후 급박하게 돌아가던 우리의 근대 역사를 알 수 있지요.

승정원의 이름이 계속 바뀌는구나.

《승정원일기》는 어디에 보관되어 있었을까?

《승정원일기》는 승정원 옆에 마련된 문서 창고에 보관되어 있었어요. 경복궁이 불타면서 조선 전기에 쓰여졌던 《승정원일기》가 불타 버린 것은 궐 바깥에 따로 문서 창고가 없었음을 말해주는 것이지요. 승정원이 창덕궁으로 옮겨지면서부터는 동궐도에 표시된 대로 승정원 옆에 《승정원일기》를 보관했을 것으로 짐작돼요. 그 뒤 일본에게 나라를 빼앗겼던 일제 강점기에는 경성제국대학에서 《승정원일기》를 보관했어요. 국권을 찾은 뒤 경성제국대학은 서울대학교로 이름이 바뀌었고, 서울대학교 안에 있는 규장각에서 《승정원일기》를 보관하고 있답니다.

서울대학교 규장각 전경과 규장각 지하 서고
이 곳에는 《승정원일기》 외에도 우리나라 국보급 문서들이 보관돼 있어요.

작은걸음 큰생각

《승정원일기》가 컴퓨터 속으로!

최근 《승정원일기》는 전산화 작업이 진행되고 있어요. 《승정원일기》가 한글로 번역되어 전산화되면 어떤 효과를 기대할 수 있을까요? 《승정원일기》의 한글 번역 사업이 모두 이루어지면 우리들은 조선 시대 선조들의 모습을 좀 더 생생하게 이해할 수 있음은 물론, 활발한 조선 시대 연구를 기대할 수 있어요.

《승정원일기》의 전산화 작업
서울대 규장각에서는 원문을 그대로 볼 수 있도록 전산화시키고 있고 국사편찬위원회에서는 원문을 정(正)자와 한글로 바꾸는 작업을 하고 있어요.

지금까지 《승정원일기》는 역사적으로 소중한 가치를 지니고 있음에도 불구하고 그 동안 역사 연구의 중요한 자료로 크게 활용되지 못했어요. 원본 1부만이 현재 서울대학교 규장각에 보관되어 있고, 이것 또한 흘려 쓴 한자로 구성돼 있기 때문에 자료를 해석하는 일이 쉽지 않았지요.

이러한 문제점을 해결하기 위해 국사편찬위원회에서는 1961년부터 흘려 쓴 한자를 정자체로 바꿔 그 원문을 쉽게 알아볼 수 있도록 하였고, 이를 전산화하고 있어요. 이러한 작업을 통해 모든 사람들이 쉽게 읽을 수 있도록 인터넷에 제공하고 있어요. 인조 때부터 고종 때까지 간단한 검색어만 입력하면 《승정원일기》에 수록된 내용을 한눈에 알아볼 수 있도록 해 놓았지요. 또한 한글로 번역하는 일도 하고 있어요. 홈페이지를 방문해 확인해 보세요.

대단한 생각이야!

한자 공부도 열심히 해서 원문도 읽어 볼래.

우여곡절 끝에 살아남다

지금 전해지지는 않지만 고려 시대에도 승정원과 같은 기능을 한 부서가 있어 《승정원일기》는 고려 시대에도 기록되었어요. 고려 성종 때에는 은대남북원을 두었고 현종 때에는 중추원 소속으로 당후관을 두어 일기를 기록하게 하였지요.

조선 시대에는 국가가 세워진 때부터 《승정원일기》를 기록했어요. 하지만 지금은 조선 전기에 작성된 《승정원일기》의 모습을 찾아볼 수 없답니다. 조선 전기에 작성된 《승정원일기》는 1592년(선조 25) 임진왜란으로 모두 불에 타 없어졌기 때문이에요. 실록에 의하면 '1592년 4월 1일 도성의 궁궐에 불이나 역대의 보물과 서적, 춘추관의 각 왕조실록, 사초, 《승정원일기》가 모두 남김없이 타 버렸다.'고 기록되어 있어요. 정말 안타까운 일이에요. 이 때

《승정원일기》를 도둑맞다

《세조실록》에 환지의 이익으로 인해 《승정원일기》를 도둑맞았다는 기록이 나와요. 환지란 못 쓰게 된 종이를 다시 새 종이로 만드는 것을 말해요. 글씨가 쓰여져 있는 종이나 책으로 묶여진 것은 당연히 못 쓰게 된 종이이지요. 그런데 왕실의 기록을 엮은 책까지 훔쳐 시장에서 사고 팔았던 것은 그만큼 종이 값이 비싸 종이가 귀했다는 증거이지요. 사실 조선 시대에는 책을 펴내는 데 무척 어려웠어요. 무엇보다 종이 값이 너무 비쌌기 때문이에요. 그래서 조선보다 책을 펴내는 데 비용이 적게 든 중국에서 조선 책을 펴내 그것을 다시 조선으로 들여오는 경우가 많았어요.

임진왜란
1592년(선조 25)부터 1598년까지
2차에 걸친 왜군의 침략으로
일어난 전쟁을 말해요.
이때 《승정원일기》가
불타 버렸지요.

불탔던 자료가 남아 있다면 조선 시대를 훤히 들여다 볼 수 있을 텐데 말이에요.

임진왜란 이후에도 《승정원일기》의 수난은 계속되었어요.

1624년 이괄이 일으킨 반란으로 도성이 반군에 의해 함락되자, 14대 임금인 선조 때와 15대 임금인 광해군 때에도 《승정원일기》가 불에 타 사라졌지요. 그 뒤에도 화재나 부주의로 인하여 상당수의 《승정원일기》가 없어졌답니다. 어떤 때는 《승정원일기》를 도둑맞기도 했어요.

《세조실록》에 보면 '근래에 환지의 이익으로 인하여 지장의 남녀들이 《승정원일기》를 훔치기도 합니다.'라는 기록이 있는데, 이를 통해 관리 소홀로 인하여 일기의 일부가 없어지는 경우도 있음을 알 수 있어요.

지장
종이를 만드는 장인을 말해요.

이괄의 난
1624년(인조 2) 인조반정 때 공을 세운 사람들에게 상을 주었는데, 공을 세운 이괄이 우대받지 못하자 불만을 품고 일으킨 반란이에요. 인조반정은 1623년(인조 1) 광해군을 몰아 내고 인조를 임금으로 받들어 모신 사건을 말하지요. 이때 《승정원일기》의 상당수가 불에 탔어요.

《승정원일기》와《조선왕조실록》의
다른 점은 무엇일까?

《승정원일기》와《조선왕조실록》은 여러 가지 차이점이 있어요. 《조선왕조실록》이 조선 시대 역사의 흐름을 한눈에 볼 수 있도록 기록한 걸러진 역사 실록이라면,《승정원일기》는 당시의 정치, 경제, 국방, 사회, 문화를 생생히 관찰할 수 있는 걸러지지 않은 자료라고 할 수 있어요. 그럼 어떤 점이 다른지 알아보아요.

자세하게 다루는 사건이 달랐어요

《승정원일기》가 세밀한 기록을 자랑하기는 하지만 그렇다고 해서 모든 내용이 그런 것은 아니었어요. 아무래도 임금을 보좌하는 비서실에서 기록을 맡다 보니 임금이 중심이 되지 않는 행사나 지방에서 치러진 의식에 대해서는 오히려 《조선왕조실록》보다 더 간단하게 기록했어요.

기록하는 시기가 달랐어요

실록은 임금이 죽은 다음에 기록했던 것이고,《승정원일기》는 임금이 살아 있을 때 기록하는 것이었어요. 실록은 임금이라고 해도 함부로 볼 수 없었고 실록이 완성된 후에는 특별히 설치한 사고*에 각 1부씩 보관했지요. 그러나 《승정원일기》는 임금이 필요하면 언제든지 볼 수 있었고, 궐내 승정원에 한 부만이 비치되어 있었지요.

임금이 참석하지 않은 행사는 자세하게 기록하지 않았구나!

문체가 달랐어요

《승정원일기》는 시간대 별로 임금이 무슨 일을 했는지, 어디에서 쉬었는지, 누구를 만났는지 등의 내용과 업무 내용이 대화글로 쓰여 있어 생

*실록을 보관하던 창고

생한 느낌을 더해 주어요. 이러한 대화글을 통해 임금과 신하들의 감정과 심리까지 엿볼 수 있답니다. 이에 비해 실록은 한 임금이 다스렸던 시대를 종합적으로 정리한 것이라 할 수 있어요.

현재는 1870년대 이후의 《승정원일기》가 《조선왕조실록》보다 더 공식적인 국가 기록으로 인정받고 있어요. 이것은 《조선왕조실록》의 하나인 《고종실록》과 《순종실록》이 일제 강점기 때 일본인에 의해 쓰여져 우리 역사를 제대로 기록했는지에 대한 의문이 들기 때문이에요. 그래서 현재 《고종실록》과 《순종실록》은 《조선왕조실록》에도 포함시키지 않지요. 이런 면에서 본다면 이 시기의 《승정원일기》는 더없이 중요한 기록이에요. 당시의 복잡했던 국제관계 등이 생생하게 정리되어 있어서 근대사를 연구하는 기본 자료로 쓰이고 있지요.

《승정원일기》 속에 숨겨진 비밀

《승정원일기》는 무엇보다 매일 매일 기록했다는 점에서 가장 큰 의미가 있어요. 하루도 빠짐없이 썼기 때문에 임금을 중심으로 펼쳐지는 조선 시대 정치 흐름을 잘 살펴볼 수 있어요. 또한 《승정원일기》에는 매일의 날씨가 기록되어 있어서 우리나라 기후 연구에 더없이 귀한 자료가 되고 있어요. 또한 임금의 건강 상태나 기분, 심리까지 자세하게 기록되어 있어 방대한 몇 백 년 전의 역사를 좀 더 가깝게 이해할 수 있답니다. 자, 이제 《승정원일기》에 숨겨진 비밀을 찾아 흥미로운 기록 속으로 들어가 볼까요?

288년 동안의 날씨를 담다

《승정원일기》는 상세한 나랏일의 기록말고도 또 다른 소중한 가치를 지니고 있어요. 그것은 일기 형식의 특징 중 하나인 그 날의 날씨가 기록되어 있다는 점이에요. 《승정원일기》에는 몇 월, 몇 일이 구체적으로 표시되어 있으며, 288년의 날씨가 빠짐없이 정리되어 있어요. 책장을 들여다보면 날씨를 청(맑음), 음(흐림), 우(비), 설(눈) 등으로 구분해 날마다 기록했어요. 경우에 따라서는 '오전청 오후설(오전에는 맑고 오후에는 눈이 내림)', '조우석청(오전에는 비가왔다가 저녁에는 맑음)' 등으로 하루 동안 일어난 날씨의 변화까지 자세히 기록했지요.

비의 양을 정확하게 알아야 해!

조선 시대에 비가 내리면 관상감에서는 측우기로 비가 얼마나 내렸는지, 물의 양은 얼마나 되는지 꼼꼼히 정리했어요. 측우기를 이용한 날씨 기록은 강우량의 등급까지 따로 구분되어 있었답니다. 영조는 세종 때의 측우기를 복원하여 《승정원일기》에 강우량 측정 기록을 쓰게 했어요. 이러한 강우량 기록은 《승정원일기》를 쓰면서 계속 이어졌어요. 《승정원일기》에 실린 강우량 기록은 세계에서 가장 오래된 것이에요. 당시 측우기는 궁

측우기는 어떻게 사용할까?

측우기는 원통 모양으로 생겼어요. 비가 올 때 이 원통을 집 밖에 세워 두면 빗물을 받을 수 있지요. 측우기에 괸 물의 깊이는 자로 측정해요. 다시 말해 대를 관상감에 만들고 측우기를 대 위에 올려놓아 비를 받도록 하는데, 관상감의 관원이 나무나 대나무로 만든 주척(자)으로 물의 깊이를 측정했어요.

주척이에요. 조선 시대에 사용했던 자를 말하지요.

측우기

대

궐 안에 설치되어 있었는데 비가 올 때마다 관상감에서 강우량을 측정해 승정원에 보고했지요. 통 안에 받아 놓은 빗물을 눈금이 있는 자를 이용해 높이를 측정한 거예요.

이렇게 비의 양을 측정한 이유가 궁금하지요? 비는 농사를 짓는 데 굉장히 중요해요. 한 해의 풍년은 제때에 비가 얼마만큼 내렸는지에 따라 달라졌으니까요. 세종 때 이후 측우기로 비가 온 양을 재고, 강과 개천의 수량을 재는 등 농업기상학이 발달하기 시작했어요. 《승정원일기》의 기록을 통해 조선 시대의 날씨 변화를 자세히 알 수 있는 것이지요.

강수량에 따라 비를 나눈다고?

비의 양은 비가 가장 적게 오는 미우부터 세우, 소우, 하우를 거쳐 폭우에 이르기까지 여덟 등급으로 구분해 놓았어요. 하루에도 몇 번씩 비가 올 때는 시간대별로 비의 양을 세밀하게 측정했지요. 《승정원일기》의 날씨 관련 기록만을 모아도 조선 시대 288년 동안의 날씨 상황을 확실히 파악할 수 있어요. 이는 조선 시대 기후 연구뿐만 아니라 오늘날의 기후 연구에도 큰 도움을 주지요.

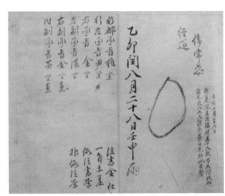

《승정원일기》 초고
기상 정보가 담긴 1615년(광해군 7) 8월의 《승정원일기》 초고예요.

옛날에는 날씨를 어떻게 표시했을까?

	晴 맑을 청	맑음
	陰 응달 음	흐림
	雪 눈 설	눈
	雨 비 우	비
	雲 구름 운 氣 기운 기	안개
	或 혹은 혹 陰 응달 음 或 혹은 혹 晴 맑을 청	때때로 맑고 흐림

《승정원일기》는 언제나 그 날의 날씨를 기록하는 것으로 시작해요. 내용을 살펴보면 맑은 날, 흐린 날, 오전에 맑았다가 오후에 흐린 날 등 매우 자세하게 구분되어 있답니다. 이처럼 17세기부터 300년 가까이 오랫동안 날씨를 기록으로 남긴 것은 세계적으로 유례가 없는 일이에요.

틀리게 쓰면 큰일 나!

《승정원일기》 앞 부분에는 여섯 명의 승지를 비롯하여 주서, 가주서, 사변가주서 등의 이름이 나오는 것을 볼 수 있답니다. 그날의 일기를 기록하기 전에 승정원 관리의 이름을 꼭 적은 것이에요. 또한 기록하는 관리가 병이나 사고 등으로 출석하지 못한 상황까지도 기록하여 기록의 책임과 정확성을 높였어요.

조선 시대에는 여러 분야의 기록에서 기록에 참여한 사람의 이름을 쉽게 찾아볼 수 있는데, 《의궤》와 같은 자료에서는 화원이나 하급 장인들의 이름까지 일일이 기록해 놓았어요. 예를 들면, 천민 계층의 이름임을 알 수 있는 김노비, 박돌이 등과 같은 이름들이 적혀 있는 것을 볼 수 있답니다.

이렇게 이름을 정확하게 기록한 것은 더욱 책임감 있게 사실을 기록해 문제가 생기지 않도록 하려는 뜻도 있었겠지만 역사적 사건을 기록하는 사람들에게 사명감과 자긍심을 심어 주려는 뜻도 숨어 있었지요.

> **지각하는 관리도 있었대!**
> 《승정원일기》에 기록된 출근 상황들을 보면 관리들의 근무 상태도 볼 수 있어요. '좌'는 출근을 뜻하고 '좌직'은 당직임을 뜻하며 '병'은 몸이 아파 출근하지 못했다는 것을 뜻해요. 이외에 '미숙배'는 지각을 뜻했고 '복제'는 상을 당한 것을 의미했어요. '식가'는 휴가를, '미차'는 아직 발령을 받지 못했음을 뜻했지요.

화원
나라의 행사나 궁중의 의식을 그리던 기관인 도화서에서 그림을 그리던 사람들이에요.

이게 바로 기록실명제야. 책임을 분명히 가리는 거지.

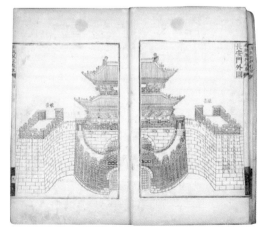

《화성성역의궤》
세계문화유산인 수원화성의 건축 과정을 기록한 건축보고서인 《화성성역의궤》도 유네스코 세계기록유산으로 등재되었어요.

실록의 기초 자료가 되다

《승정원일기》는 임금과 가장 가까운 기관인 승정원에서 작성한 것이었으니 임금의 일거수일투족은 물론 정치 상황의 자세한 부분까지 두루 담고 있었어요. 또한 일기라는 말에서 알 수 있듯이 하루도 빠짐없이 조정에서 일어나는 일들을 낱낱이 기록했지요. 이렇게 쓰여진 《승정원일기》의 모든 기록은 임금이 죽은 뒤에 편찬하는 《조선왕조실록》의 가장 기초적인 자료가 되었어요. 매일 매일 임금의 행동 하나하나를 기록했으니 훗날 사관들이 실록 편찬에 좋은 자료가 되었음은 두말할 필요도 없었답니다. 그렇다면 《승정원일기》가 얼마나 상세한지 함께 알아보아요.

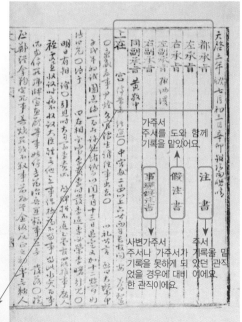

여기서
잠깐!

누가 썼을까요?

오른쪽 사진은 천계3년 7월 3일에 쓴 《승정원일기》의 내용이에요. 자세히 살펴보면 누가 작성했는지 알 수 있어요. 누가 작성했는지 관직명을 써 보세요.

(   ), (   )

도움말 기록은 주서가 맡아서 했어요.

가주서
주서를 도와 함께 기록을 맡았어요.

事變假注書
사변가주서
주서나 가주서가 기록을 못하게 되었을 경우에 대비한 관직이에요.

假注書

注書
주서
기록을 맡았던 관직이에요.

그 날 《승정원일기》의 책임을 맡았던 좌부승지와 동부승지의 이름이 적혀 있어요.

☞ 정답은 56쪽에

《승정원일기》는 얼마나 자세할까?

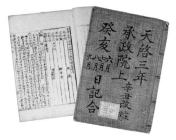

《승정원일기》
내용이 자세할 뿐만 아니라 임금과 신하들 사이에서 오고 간 대화를 대화체로 실어 당시 분위기를 잘 나타내요.

🐙 **기주관**
역사의 기록과 편찬을 담당한 사관 가운데에서 사건을 기록하는 일을 맡았던 정5품의 관리예요.

《승정원일기》에 기록된 내용이 얼마나 자세한가를 살펴보려면 실록과 비교해 보면 알 수 있어요. 《조선왕조실록》의 한 권인 《영조실록》의 기록에는 청계천 준천 공사에 대해 '임금이 준천의 가부(어떻게 할 것인가)를 물었다.'라고 한 줄로 기록되어 있어요. 이 기록은 1758년(영조 34) 5월 2일에 쓰인 것으로 영조 임금이 청계천 바닥을 파내어 물이 잘 흐르게 하는 공사를 할지에 대해 신하에게 물었다는 내용이에요.

하지만 《승정원일기》에서는 청계천 공사에 대해 어영대장 홍봉한, 승지, 기사관, 기주관 등과 의논한 사실이 자세히 나타나고, 영조 임금이 무슨 이야기를 하면서 웃었는지도 기록되어 있답니다. 그 내용을 한번 들여다보아요.

창경궁 숭문당
임금의 경연이 이루어지던 곳으로 학자 신하들과 나랏일을 의논하기도 했어요. 현판 글씨는 영조 임금이 썼어요.

《승정원일기》 영조 34년 5월 2일 - 영조 임금이 미시(오후 1~3시)에 숭문당에 나갔을 때

영조 저번에 광충교를 보니 작년에 비해 더욱 흙이 빠져 막혀 있다. 가히 걱정이 된다.
홍봉한 하천 도랑의 준설이 매우 시급합니다. 만약 홍수를 만나면 천변 인가는 반드시 표류하거나 없어지는 화를 입을 것입니다.(개천 주변의 집들은 물에 떠다니거나, 떠내려 갈 것입니다.)
영조 서울의 백성들을 불러 물은 후에 실사하는 것이 옳을 듯하다. 비록 하천을 준설해도 사토(모래흙)를 둘 곳이 없지 않은가?
홍봉한 혹은 배로 운반하고 혹은 수레에 싣고, 말 짐에 얹어 해결할 수 있습니다.
영조 (웃으며) 도성 한가운데로 배를 들일 수 있는가?
홍봉한 배로 운반한다는 것은 큰 비가 내릴 때 가능한 방법입니다.
영조 사관들은 의견이 다를 수도 있으니 말해 보라.
사관 도랑을 준설하는 것이 급한 일이나, 만약 민력(백성들의 노동력)을 동원하려 한다면 민원(백성들의 원성)이 많을 것입니다.

영조 다른 사람들의 의견을 말해 보라.
기사관 이해진 지방 사람들은 준천의 이해(공사를 할지 말지)에 대해 정견(별다른 생각)이 없습니다. 도성 내의 여론을 수집해 본즉 준천을 하는 것이 옳다고 합니다.
기주관 서병덕 준천 사업은 동쪽 도랑의 막힌 부분을 깊이 판 연후에(이후에) 효과를 볼 수 있습니다.
영조 옳은 의견이다.

여러 신하들이 모두 물러갔다.

이렇게 해서 준천 공사가 마무리되었어요. 1760년(영조 36) 3월 16일에 쓰여진 《영조실록》에서 홍봉한은 준천 공사를 마무리했음을 영조 임금에게 보고해요. 그러나 같은 날 《승정원일기》에서는 준천 공사를 어떤 과정을 거쳐 어떻게 마무리했는지 자세히 보고하는 내용과 영조 임금이 신하들을 칭찬하는 장면을 기록했어요.

창덕궁 희정당
원래 임금의 처소로 쓰던 침전이었지만 조선 후기부터 임금의 집무실로 사용되었어요.

《승정원일기》 영조 36년 3월 16일 - 유사(오후 5~7시), 희정당
영조 준천 공사는 지금 어디까지인가?
홍봉한 송전교에서 광통교까지 이미 완료되어 내일 연결될 것입니다. 수표교에서 광통교에서 이르는 구간은 너무 넓어 공사가 심히 어려웠습니다. (공사 경과 보고)
영조 나는 사토의 처리가 힘들 것으로 생각했는데 금번의 일은 매우 잘 된 것 같다.
홍계희 옛날에도 하천을 다스린 사례가 있지만 그 과정을 전하는 바가 없습니다. 공사의 사실을 기록해야 하는데 제목 정하기가 어렵습니다.
영조 《준천사실》로 이름하는 것이 가할(가능할) 것이다. 금번(이번) 준천 후에 다시는 막히는 일이 없도록 하라!
홍봉한 갑을지론(여러 가지 의견)이 없는 것은 아니지만 백년 내에는 반드시 막히지 않을 것입니다.
영조 승지의 의견은 어떤가?
이사관(승지) 다시는 막히지 않을 것으로 생각합니다.
홍봉한 차후에(나중에) 한성부의 장관과 삼군문 대장이 주관하여 군문(군대)에서 각기 약간의 재력(돈)을 각출하여(조금씩 내어) 사후 준천의 비용으로 한 즉, 일이 편해질 것입니다. (공사 비용으로 충당하면 일이 순조로울 것입니다.)
구선행 홍봉한의 의견과 같습니다. 이러한 일이 있은 연후에 실효(효과)가 있을 것입니다. 금번 굴착이 끝난 후 각 다리에 표석을 만들고 차후에는 이것으로 경비를 삼는 것이 좋겠습니다.
영조 표석은 경진년(1760년) 지평으로 새기고 침수(물에 잠김)되지 않게 해야 유효할 것이다.

이어 영조는 준천절목을 만든 사실을 하교하였다. (규정을 정해 백성들에게 함부로 개천을 사용하지 말 것을 명령하였다.)

또 과거에도 이런 공사들이 있었는데 그 기록이 남아 있지 않아 힘들었던 점을 이야기하자 영조 임금은 공사 과정과 비용 등을 세세하게 기록으로 남겨 둘 것을 명령하지요.

이렇게 해서 탄생된 책이 《준천사실》이랍니다. 이 책과 함께 공사에 동원된 소와 수레, 쟁기 등의 모습까지 생생히 표현한 그림 〈준천시사열무도〉를 남겨 250여 년간 전 공사의 현장으로 우리들을 안내하지요.(좀 더 자세한 이야기는 42쪽을 보세요.)

역시
기록의 중요성!

행동 하나도 놓치지 않는다

《승정원일기》는 하루도 빠짐없이 썼기 때문에 하루의 정치, 한 달의 정치, 일 년의 정치가 어떻게 변해 왔는지를 한눈에 이해할 수 있어요. 임금이 누구를 만나고 어디를 방문하고 어떤 말을 했는지는 물론 정치의 주요 현안이 되는 자료와 중앙이나 지방에서 올린 상소문의 원문을 거의 그대로 옮겨 써 당시의 모습을 생생하게 보여 주고 있지요.

현안
예전부터 의논해 오면서도 아직 해결되지 않은 채 남아 있는 문제를 말해요.

원문을 그대로 옮겨 썼다는 것은 굉장히 중요한 사실이에요. 기록자의 관점에 따라 상소문의 내용이 달라질 수도 있기 때문이에요. 원문 그대로 옮긴 것은 그만큼 사회상을 그대로 보여 주는 자료가 된답니다. 더불어 조정 주변의 정황이 중심이 되니 임금의 건강이나 심리에 대해서도 자세하게 기록되어 있어요. 심지어는 임금이 어떤 궁궐에 머물다가 어떤 곳에서 공부하고 어떤 곳에서 휴식을 취했는지도 알 수 있지요.

경복궁
조선 시대 궁궐 중 가장 중심이 되는 곳으로 1394년(태조 3) 한양으로 수도를 옮긴 후 세웠어요. 큰 복을 빈다는 뜻으로 '경복'이라는 이름을 붙였지요. 이 경복궁이 임진왜란으로 불에 타면서 경복궁 안 승정원에 보관돼 오던 조선 전기의 《승정원일기》도 함께 불타 버렸답니다.

《승정원일기》를 통해 임금과 신하가 정치 현안에 대해 서로 어떤 의견을 나누었는지에 대해서도 살펴볼 수가 있어요. 내용을 살펴보면 임금의 의견이나 지시는 '상왈(上曰)'로 기록하고, 신하의 말은 신하의 이름 뒤에 왈을 붙여 기록해 놓았어요. 풀이하면 '임금이 말하기를, 신하가 말하기를' 하는 식이지요.

왈
한문 투의 말에서 쓰이며 '말하기를'이라고 풀이하면 돼요. '공자 왈'은 '공자가 말하기를'이라는 뜻이지요.

임금의 말과 행동, 기분 하나하나까지도 놓치지 않으려 했던 철저한 기록 정신, 이것이 바로 세계적으로 가장 방대한 분량의 기록물인 《승정원일기》가 탄생된 배경이랍니다.

임금의 건강 보고서

임금이라고 해서 아프지 않았던 것은 아니에요. 가벼운 몸살이나 감기뿐만 아니라 자신도 모르게 앓고 있는 병도 있었을 테지요. 이럴 때 임금은 가까운 신하를 부르거나 어의를 불러 몸의 증세를 말하고 어떤 병인지 물어 보았겠지요?

《승정원일기》에는 임금이 자신의 병세에 대해 신하들에게 스스로 이야기하거나 약방이나 의원들에게 물어본 사실 등이 자세하게 실려 있어요. 또 임금의 기분과 병세 및 나아가 임금의 건강 상태에 대해서 기록해 놓은 부분도 많아요.

임금의 건강은 곧 나라의 운명이 달린 일이었기 때문에 소홀히 할 수 없었던 것이지요. 그래서 임금의 건강을 유지하거나 병환을 치료하기 위한 여러 가지 처방이 계속 되었어요. 《승정원일기》에서도 임금의 건강 상태는 신하들의 관심이 쏠린 중대한 문제였기 때문에 자연히 이와 관련된 기록도 많이 찾아볼 수 있어요. 《승정원일기》에 실린 이런 기록들은 조선 시대 최고 수준의 한의학 시술이 적용되는 과정을 보여 주는 상세한 임상 보고서이기도 해요. 이런 사실은 최근 한의학 연구자들의 커다란 관심을 끌고 있지요.

> **어의**
> 궁궐 내에서 임금이나 왕실 가족의 병을 치료하던 의원을 말해요.

> **임상 보고서**
> 환자를 직접 대하여 진단과 치료를 하고 그 기록을 보고 정리한 자료를 말해요.

난 지금 감기에 걸렸어. 어떤 약재가 좋을까?

조선 시대 임금들은 어떤 약을 먹었을까?

《승정원일기》에는 당시 궁중의 의료 체계와 어떤 증세에 어떤 약을 썼는지, 누가 아팠는지 등에 대한 이야기가 많이 나와요. 그중 자세히 다루고 있는 내용이 여러 약재의 이름과 그 효능이었어요. 탕약으로는 오늘날에도 널리 알려진 십전대보탕을 비롯해 가감보중익기탕, 건비탕, 인삼양위탕 등이 있었어요. 고약으로는 경옥고, 계고, 대황고, 사즙고 등이 있었고, 환약으로는 청심환, 곤담환, 안신환 등이 있었어요. 한편 예나 지금이나 음식이 약이 된다는 생각은 비슷했어요. 조선 시대 임금은 최고 보양 음식으로 우유를 마셨다는 기록도 찾아볼 수 있어요. 이 때문에 임금의 음식을 담당하던 부서에서는 한두 마리의 암소를 궁궐에서 길러 우유를 구했다는 기록이 《승정원일기》에 나온답니다.

임금의 진찰과 건강 관리는 '약방'이라고도 하는 내의원에서 맡았어요. 영의정 등 주요 대신들은 왕실의 일을 감독하고 관리하는 명예직인 도제조와 제조를 동시에 맡았지만 실제로 임금을 치료하기보다는 치료 과정을 지켜보고 어떤 약을 처방하는지 살피는 일을 맡았어요. 내의원을 실

내의원
임금과 왕실 가족의 치료를 위해 머물던 의료기관으로 궁중 약방이에요. 의원들은 맡은 역할이 다 달랐으며 궐에서 쓸 좋은 약재를 전국적으로 알아보고, 없는 약재는 수입해 사용하기도 했어요.

제로 운영하는 관리는 대부분 부제조를 맡은 승지였어요. 승지들은 한 달에 여섯 번 있는 **문안진후**에서 어의와 함께 들어가 임금의 건강 상태를 세밀하게 살폈지요. 물론 이것은 승정원의 업무 지침서라고 할 수 있는 '은대조례'에 실린 공식적인 조치였어요. 승정원에서는 거의 날마다 임금의 건강을 확인하고 기록했지요.

건강 관리에 힘써 꾸준히 건강 검진을 받았던 임금들은 장수하고 재위 기간도 길었어요.

문안진후
윗사람의 집을 찾아가서 문안하고 윗사람의 안색을 살펴 건강에 이상이 없는지 확인하는 것을 말해요. 문안진후는 궁궐에서뿐만 아니라 부모를 모시고 사는 일반 가정에서도 이루어졌어요.

입진
임금을 진찰하러 들어가는 것을 말해요.

건강 검진을 많이 받은 임금은 누구일까?

1623년(인조 원년)부터 1776년(영조 52년)까지 153년 동안의 《승정원일기》를 살펴보면 임금들의 건강에 대한 흥미로운 일들을 엿볼 수 있어요.

조선 18대 임금 현종은 왕위에 있었던 15년 동안 49회밖에 **입진**을 받지 않

앉어요. 이에 비해 숙종은 46년 동안 임금의 자리에 있으면서 총 865회, 20대 임금 경종은 임금의 자리에 있었던 4년 동안 180회를 기록했어요.

영조는 장수한 임금으로 유명한데 왕위에 있었던 기간도 무려 52년이나 되었어요. 이와 더불어 내의원들에게 진찰을 받은 횟수도 784회로 일 년에 백팔십 번, 한 달에 열다섯 차례 정도 건강 검진을 받은 사실을 확인할 수 있지요. 특히 죽기 마지막 열흘 동안 모두 스물한 차례 검진을 받았는데, '건공탕'이라는 탕약을 스물아홉 번이나 처방받았어요.

이런 기록을 통해 조선 시대 여러 임금들이 자신의 건강에 얼마나 많은 관심을 쏟았는지 알 수 있어요. 이렇듯 《승정원일기》는 임금의 건강 관리와 관련해 다양하게 접근하고 해석할 수 있는 풍부한 자료를 제공해 주고 있답니다.

영조 어진
영조의 초상화예요. 조선 21대 임금 영조는 조선 임금들 중에서 가장 오래 산 것으로 유명하지요. 《승정원일기》에는 영조가 죽기 전의 의료 기록도 상세하게 남아 있답니다.

여기서
잠깐!

물음에 답해 보세요.

다음은 《승정원일기》에 관한 설명이에요. 설명이 바르게 된 것에는 O, 그렇지 못한 것에는 X를 하세요.

① 《승정원일기》의 기록을 맡았던 사람을 주서라고 불렀어요. (   )
② 《승정원일기》의 이름은 정세에 따라 여러 번 바뀌었어요. (   )
③ 《비서감일기》는 《승정원일기》와는 다른 성격으로 육조의 일을 기록했어요. (   )
④ 《승정원일기》는 한 달에 한 권만 쓰도록 되어 있었어요. (   )
⑤ 《승정원일기》는 절대로 고쳐 쓸 수 없었어요. (   )

☞ 정답은 56쪽에

역사를 깨우는 조선 시대 기록물

요즘같이 과학 문명이 발달한 시대에는 지금 살아가는 모습을 담을 수 있는 장치들이 많이 있지요. 책이나 영화 필름, 비디오나 사진 등과 같은 장치들 말이에요. 하지만 조선 시대에는 그렇지 못했어요. 이처럼 기록을 남기기 힘든 조건에서 온전한 기록물을 남겼어요. 이것이 바로 《승정원일기》가 세계적인 기록유산으로 인정받는 까닭이랍니다.

《승정원일기》와 더불어 조선 시대 역사를 기록한 《조선왕조실록》, 정조 이후 임금의 일기 형식으로 나랏일을 기록한 《일성록》, 조선 시대 국가 최고 회의를 기록했던 《비변사등록》 등은 우리 조상들이 자신들이 살아온 시대를 성실하게 기록하고 남긴, 조선 시대의 기록물들이에요. 이런 기록물들을 통해서 잠들어 있던 역사가 서서히 깨어나는 것이지요. 그리고 우리는 이를 통해 우리가 살지 않았던 과거의 역사를 더욱 생생하게 공부할 수 있는 것이랍니다.

《일성록》도 읽어보고 싶어

《승정원일기》《조선왕조실록》《일성록》 등은 서로 모자라거나 부족한 정보를 보충해 주는 자료이지요. 《조선왕조실록》이 조선 시대 전체의 모습을 가장 한눈에 들어오게 담은 자료라면, 《승정원일기》와 《일성록》은 임금을 중심으로 일어난 나랏일을 기록한 자료이지요. 《비변사등록》*은 16세기 이후 국가의 최고 회의기관이었던 비변사의 일기체 기록으로 오늘날 국무회의* 회의록에 해당하지요. 이들 자료는 다른 자료가 없어졌을 때 빠진 부분을 보충하는 데 절대적인 도움이 되었어요. 이처럼 조선 시대에

*조선 시대에 최고의 의사결정기구였던 비변사에서 논의·결정된 사항을 날마다 기록한 책이에요.
*정부의 권한에 속하는 중요 정책을 심의하는 회의를 말해요. 대통령을 의장, 국무총리를 부의장으로 하여 전 국무 의원으로 구성되지요.

는 여러 역사 기록물들이 서로 다른 기관에서 나누어 편찬되었기 때문에 전체적으로
보면 자료의 양이 더욱 많아졌고, 조선 시대 역사를 좀 더 여러 관점에서 연구할 수 있
게 되었지요.

조선 시대의 기록물

《일성록》

1760년(영조 36)부터 1910년까지 조정과 신하에 관련된 일을 일
기로 쓴 것으로 정부의 공식적인 기록이랍니다. 정조는 각종 기
록을 모아 책으로 펴내는 데에 큰 노력을 기울여 국가의 의례에
이용된 문장, 과거의 답안, 신하들의 상소문 등을 책으로 엮게
하였고, 그 뒤로도 계속 수정하도록 하였어요. 《일성록》을 펴낸
목적은 그 형식이 일기인만큼 날마다의 생활을 반성한다는 것
이었어요.

《조선왕조실록》

《조선왕조실록》은 조선 태조 때부터 조선 철종 때까지 25대
472년(1392~1863) 동안의 역사를 순서대로 적어 놓은 책이에
요. 이것은 조선 시대 사회, 경제, 문화, 정치 등 다방면에 걸쳐
기록되어 있으며, 역사적 진실과 신빙성이 매우 높지요. 또한 사
료의 편찬에 있어서 역사를 적은 사람인 사관의 관직이 독립적
이었고 기록에 대한 비밀성도 보장되었어요.

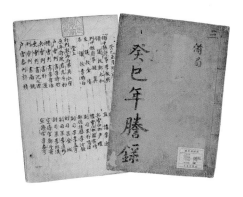

《비변사등록》

조선 중·후기의 국가 최고 회의기관이었던 비변사의 활동을
쓴 일기예요. 임진왜란으로 다른 기록과 함께 그 전의 책은 모
두 없어지고, 1617년(광해군 9)부터 1892년(고종 29)까지 276년
동안의 기록을 묶은 273책만이 남아 있어요. 《승정원일기》《일
성록》과 더불어 조선 후기의 사회상을 알 수 있는 좋은 사료가
되고 있어요.

《승정원일기》에 실린 흥미로운 이야기

　　《승정원일기》에는 옛날 이야기보다 더 재미있는 사건들이 많이 있어요. 게다가 그런 사건의 주인공들이 역대 임금이니 얼마나 흥미롭겠어요. 《승정원일기》를 한번 펼쳐 볼까요? 조선 22대 임금이었던 정조는 어린 시절 꾀가 많아 할아버지였던 영조를 깜짝깜짝 놀라게 했답니다. 영조가 생일상 받기를 자꾸 거절하자, 세손이었던 정조는 꼭 1년 전 같은 날 영조가 다음 해에는 축하의식을 받겠다고 약속한 편지를 소매 속에서 꺼내지요. 덕분에 영조는 꼼짝없이 생일 축하의식을 받았다고 해요. 청계천 공사에 관한 이야기는 더욱 자세해서 임금과 신하들 사이에 오간 대화까지 다 기록되어 있지요.

　　자, 그럼 이제부터 《승정원일기》에 어떤 이야기들이 실려 있는지 살펴보아요.

세손의 총명함에 감탄한 영조

《승정원일기》에는 재미난 이야기들도 찾아볼 수 있어요.

《영조실록》을 보면, 1773년 7월 23일 당시 세손이었던 정조의 총명함을 엿볼 수 있는 일화가 나와요. 영조의 생일을 맞이해 신하들이 잔치를 열려고 하자 영조는 귀찮은 마음이 들어 관두라고 했어요. 이 때 세손으로 있던 정조가 소매 속에서 **간지**에 쓴 글을 꺼내 놓았지요. 거기에는 꼭 1년 전 같은 날 영조가 다음 해에는 축하 의식을 받겠다고 약속한 내용이 써 있었어요. 영조가 《승정원일기》를 가져오라 하여 세손의 간지와 맞추어 보았더니 모두 똑같은 내용이 기록되어 있었지요. 이를 확인한 영조와 세손은 한바탕 즐겁게 웃었어요. 그리고 영조는 세손의 총명에 감탄하여 더 이상 사양하지 못하고 생일상을 받았다고 해요. 영조는 손자에 대해 감탄을 금치 못하면서 이렇게 말했죠.

간지
두껍고 품질이 좋은 편지지를 말해요.

세손 시절부터 정조는 총명하고 신중했어요. 아버지가 할아버지의 명령으로 죽는 모습을 보았으나, 할아버지의 뜻에 따라 아버지의 일을 입에 올리지 않았어요.

"할아비가 손자에게 명한 것인데 손자가 할아비에게 명한 것이 되었다. 나는 세손이 있으니 다른 근심은 없으나, 다만 이 같은 일로써 세손이 매양 마음을 쓰니 이것이 민망스럽다. 이에서도 또한 그 마음 씀씀이를 볼 수 있다."

사실 영조는 1762년 아들 사도 세자를 뒤주에 가두어 죽인 비정한 아버지였어요. 그러나 영조에게도 사도 세자의 죽음은 늘 가슴속에 응어리로 남아 있었지요. 사도 세자에 관한 일을 절대 입에 올리지 말라고 금지할 정도였어요. 아들이 죽은 뒤에는 오직 손자 정조만이 영조의 희망이었답니다. 영조의 기대대로 손자는 총명함과 마음 씀씀이가 남달랐어요. 정조는 자라서 영조의 뒤를 이어 조선 제22대 임금이 되었어요. 정조 시대에는 정치와 문화가 발전해 조선 중기 문화부흥기를 이루었지요.

> **뒤주 속에 갇혀 죽은 사도 세자**
> 사도 세자는 영조의 아들이자 정조의 아버지랍니다. 사도 세자는 첫 아들 효장 세자를 잃은 영조가 마흔 살이 넘어 얻은 귀한 아들이었어요. 어려서부터 매우 똑똑해 열네 살 때 이미 영조를 도와 정사를 돌보기도 했어요. 그러나 당시는 당파싸움이 아주 치열했고, 이러한 정치적인 분위기 속에서 반대 세력들이 사도 세자를 모함하여 계속 상소를 올렸어요. 결국 영조는 사도 세자를 세자 자리에서 물러나게 하고, 뒤주 속에 가두어 8일 만에 죽게 했지요.

여기서 잠깐!

《승정원일기》의 내용에 대해 알아보아요.

《승정원일기》의 내용에 관한 설명이에요. 《승정원일기》와 관계 없는 내용 두 개를 찾아 그 번호를 써 보세요. (　　), (　　)

① 《승정원일기》에는 날씨와 하루 기상 변화가 꼼꼼히 적혀 있어요.
② 《승정원일기》에는 나랏일에 관해 임금과 신하들이 모여 서로 의논한 과정을 기록해 놓았어요.
③ 《승정원일기》에 왕실의 이야기는 기록하지 않았어요.
④ 《승정원일기》에는 다른 나라에서 온 사신들에 관한 이야기가 기록되어 있어요.
⑤ 《승정원일기》는 후대 임금들이 절대로 읽을 수 없었어요.

도움말 국가가 나서서 해결해야 할 어려운 문제가 생기면 임금은 꼭 《승정원일기》를 들여다보고 참고했어요.

☞ 정답은 56쪽에

청계천 공사를 기록하라!

2005년 10월 1일 마침내 도로 밑에 묻혀 있던 청계천이 햇빛을 보게 되었어요. 복원된 청계천의 모습을 보며 많은 시민들이 자연과 환경의 중요성을 느끼고 있지요. 그런데 지금으로부터 260년 전인 1760년(영조 36)에도 영조가 주도하는 대규모의 청계천 공사가 있었다는 사실을 알고 있나요?

준설 공사
강바닥을 청소하고 정리하여 물이 콸콸 잘 흘러가도록 만든 것을 뜻해요.

《영조실록》의 영조 36년 3월 16일에는 1760년 청계천 준설 공사를 완료하고, 《준천사실》이라는 책자를 완성한 내용이 나오지요. 영조가 공사의 책임자였던 홍봉한에게 하천을 공사하면 몇 년이나 지속될 수 있는가를 묻자, 홍봉한은 자신 있게 백년 동안 물이 잘 흐를 거라고 대답한 기록이 보여요.

그런데 같은 날짜의 《승정원일기》에는 더 자세한 내용들이 나와 있답니다. 우선 임금과 함께 대화한 인물들의 관직과 성명이 기록되어 있고, 임금과 신하들 사이에 오고간 말들이 모두 실려 있지요.

아, 조선 시대에도 청계천 공사를 했구나!

어영차! 어영차!

이 공사가 끝나면 홍수도 자주 나지 않을 거야!

복원된 청계천의 모습
인왕산, 북악산, 남산의 물이 모여 궁과 민가의 폐수를 깨끗이 실어 가던 청계천이 지금은 자연의 소중함을 일깨워 주는 아름다운 하천으로 새롭게 태어났어요.

《승정원일기》 제1,179책 영조 36년 3월 16일을 볼까요? 영조가 어느 쪽 강을 청소했는지 묻자 호조 판서 홍봉한이 송전교에서 광통교에 이르는 지역이라고 대답하는 내용이 있지요. 그러고는 수표교에서 광통교에 이르는 지역은 넓어서 공사가 힘들었다고 구체적으로 말하는 부분도 눈에 띄어요. 또 임금이 직접 《준천사실》이라는 책 이름을

수표교
조선 세종 때 서울의 청계천에 놓은 다리로 육각형의 큰 화강암으로 다리 기둥을 세우고 위에 길게 모난 횃대를 걸쳐 돌을 깔았어요. 지금은 장충단 공원에 보관하고 있어요.

광통교
조선 시대 도성에서 가장 큰 다리였어요. 주변에 시전 상가가 즐비해 사람들이 가장 많이 붐비던 곳이었지요. 2005년 복원된 다리는 원래 위치에서 상류 방향으로 150미터 옮겨져 있어요.

지은 것도 《승정원일기》를 통해서만 알 수 있어요. 현재 서울 대학교 규장각에는 이 때 청계천 공사를 했던 모습을 담은 〈준천시사열무도〉라는 그림이 보관되어 있어서, 260년 전 청계천 공사의 모습을 생생하게 볼 수 있답니다.

임금님이 어디 계실까?

〈준천시사열무도〉
영조가 청계천 공사에 힘쓴 사람들을 칭찬하기 위해 열었던 무술 시합 모습이에요. 다리 위에는 영조가 행차한 모습이 있고 하천에는 인부와 소가 열심히 일하고 있어요.

임금의 결혼식을 기록하다

《승정원일기》가 얼마나 자세한지 몇 가지 이야기를 통해 좀 더 살펴볼까요? 1759년(영조 35) 6월 초여름, 조선에서 가장 오랫동안 임금의 자리에 있었던 임금, 영조의 결혼식이 치뤄졌어요. 첫 왕비였던 정성왕후가 영조보다 먼저 죽자 영조는 전국에 간택령을 내려 새 왕비를 맞아들인 거예요. 이 때 영조의 나이 66세였고, 신부는 고작 15세였답니다. 대부분의 임금은 세자 시절 결혼을 하기 때문에 임금이 혼례식을 하는 경우는 극히 드문 일이자 나라의 큰 경사였지요.

이 일에 대한 기록을 《영조실록》과 비교해서 보면 《승정원일기》가

반차도로 보는 영조의 결혼식 장면

반차도는 궁중의 여러 행사 장면을 그린 그림이에요. 이 그림은 《영조 정순왕후 가례도감의궤》에 실려 있으며 결혼식 장면을 생생하게 표현하고 있지요. 가례 의식은 모두 5부로 구성되어 있는데, 소개하는 그림은 임금의 행렬 장면을 그린 것이랍니다. 그런데 그림에서 임금의 모습이 보이지 않아요. 조선 시대에는 임금의 얼굴을 그리지 못하게 했어요. 실제로는 임금이 타고 있지요. 《승정원일기》에서는 이 결혼식 장면을 마치 현장을 보는 것처럼 생생하게 기록해 놓았어요.

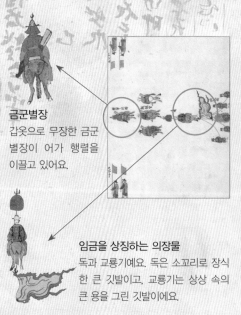

금군별장
갑옷으로 무장한 금군
별장이 어가 행렬을
이끌고 있어요.

임금을 상징하는 의장물
독과 교룡기예요. 독은 소꼬리로 장식
한 큰 깃발이고, 교룡기는 상상 속의
큰 용을 그린 깃발이에요.

상서원관과 내시들
병사들 뒤에서 어가
행렬을 이끌어요. 말
은 여러 가지 색깔을
띠고 있어요.

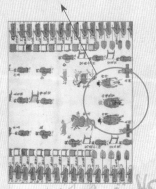

얼마나 자세한지 더욱 잘 알 수 있답니다. 1759년의 《영조실록》 6월 9일자 기사를 보면, '삼간택을 행하여 유학 김한구의 딸로 정했다. 대혼을 6월 22일 오시(오전 11시~오후 1시)로 택길하고 이 날 회의를 열어 김한구를 돈녕부 도정으로 삼았다.'는 부분이 나오지요.

그런데 《승정원일기》의 기록에는, 이에 앞서 6월 2일에 재간택을 하여 김한구의 딸 등 6명의 후보자를 뽑은 기사를 싣고 있어서 간택 과정에 대해 좀 더 자세한 정보를 얻을 수 있어요. 그리고 6월 9의 기록에는 김한구의 딸을 왕비로 정하고 임금이 빈청에 의견을 구하는 과정과 예조에서 친영의 길일을 정해야 한다는 의견을 제시한 내용 등이 실려 있어요. 실록에 언급되지 않은 내용들이 《승정원일기》에는 아주 자세히 실려 있는 것이지요.

삼간택
왕이나 왕자, 공주의 배우자는 세 번에 걸쳐 골랐어요. 이를 삼간택이라고 해요.

택길
운이 좋은 날을 고르는 일이에요.

재간택
삼간택 중에서 두 번째로 고르는 일을 말해요.

빈청
조선 시대에 정승들과 높은 관리들이 모여 열던 회의를 말해요.

친영
왕이 왕비를 맞아들이는 의식이에요.

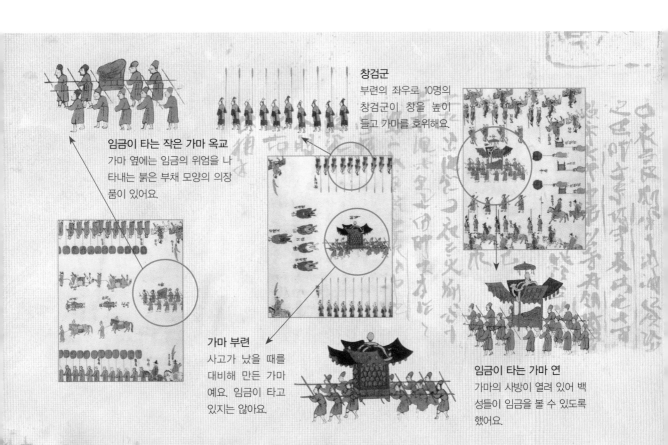

임금이 타는 작은 가마 옥교
가마 옆에는 임금의 위엄을 나타내는 붉은 부채 모양의 의장품이 있어요.

창검군
부련의 좌우로 10명의 창검군이 창을 높이 들고 가마를 호위해요.

가마 부련
사고가 났을 때를 대비해 만든 가마예요. 임금이 타고 있지는 않아요.

임금이 타는 가마 연
가마의 사방이 열려 있어 백성들이 임금을 볼 수 있도록 했어요.

얄미운 명나라 사신들

조선은 나라를 세울 때부터 중국과 교류했어요. 사신을 맞이하고 접대하는 일은 아주 중요한 국가 행사였어요. 때로는 임금이 직접 모화관까지 나가 사신을 맞이할 정도였지요.

처음에 명나라 사신들은 그들의 앞선 문화를 전해 주었기 때문에 조선에서 환영을 받았어요. 그런데 임진왜란 때 조선을 돕느라 힘을 쏟은 나머지 명나라의 기운이 약해지자, 사신들은 개인적인 욕심을 채우기 위해 제멋대로 굴기 시작했어요. 그래서 사신이 온다고 하면 더 이상 반갑지 않았다고 해요. 《승정원일기》에는 명나라 사신들이 조선에서 얼마나 못되게 굴었는지 자세하게 나와 있어요.

1634년(인조 12) 6월 20일의 일이에요. 이 날 명나라 사신이 인조의 큰아들을 세자로 인정하는 중국 황제의 칙서를 가지고 왔어요. 인조 임금은 다섯 번 절하고 세 번 머리를 조아린 뒤 황제의 칙서를 받았어요. 조선의 대신들은 바짝 긴장해 있었어요. 이번 사신은 명나라 조정에 뇌물을 주고 사신 자리를 얻은 사람이라는 소문이 있었거든요.

아니나 다를까 사신은 인조가 준 예물을 받지 않고 물렸어요. 인삼의 양을 저울질해 보니 양이 모자란다는 거였어요. 또 황제의 선물에 대한 답례로 조선이 내놓은 비단도 선물 값에 못 미친다면서 돌려보냈고요. 그러더니 인삼이나 비단 대신 은으로 선물을 달라고 요구했어요. 당시에는 은이 돈으로 사용됐거든요.

사신의 뻔뻔스런 행동은 이뿐이 아니었어요. 손님을 접대한다고 찻상을 내오면 필요 없으니 은으로 달라고 하고, 좋은 구경을 시켜 준다고 부르면 역시 필요 없으니 은으로 달라고 했어요. 잔치를 열어

중국 사신을 맞이하던 곳, 모화관

모화관은 조선 시대에 중국에서 온 사신을 영접하던 곳으로 1407년(태종 7) 돈화문 밖 서북쪽에 세웠어요. 이 곳은 왕궁으로 통하는 가장 큰 도로와 이어져 있어 사신을 맞이하기에 알맞았거든요. '모화'라는 말은 모화, 즉 '중국을 사모한다.'는 뜻이에요. 1896년에 바로 그 자리에 독립문을 세웠어요. 중국의 영향에서 벗어나 조선이 자기 힘으로 굳게 서기를 바랐기 때문이지요.

칙서
황제나 임금의 말을 전달하는 문서예요.

예물
고마움을 나타내거나 예의를 갖추기 위하여 보내는 물건이에요.

준다고 해도 은을 달라고 하고, 나중에는 돌아가는 길에 먹을 쌀 값도 은으로 받아서 갔어요. 이렇게 거둔 은이 모두 5만 5천 냥이라고 기록되어 있어요. 당시 소 한 마리 값이 7냥이었으니 보름 동안 돈을 얼마나 가져갔는지 알 수 있겠지요? 이 정도의 돈이면 소를 7천8백 마리가 넘게 살 수 있을 정도였답니다.

사신들은 7월 6일에 인조가 베푼 잔치는 거절하지 않고 배불리 먹은 뒤 한양을 떠났어요. 사신이 한양에 머무는 동안 그들이 한 일은 모두 은을 모으는 일뿐이었어요. 다행히도 이것이 명나라 사신의 마지막 행차였어요. 십년 뒤, 명나라는 당쟁과 농민의 반란과 왜구의 침략으로 다시는 일어서지 못했지요.

이걸로 만족할까?

은을 가져 오랬더니······.

은을 모아 가면 뇌물 값은 더 될 거야.

여기서
잠깐!

역사적 배경에 대해 알아보아요.

다음은 어떤 건물에 대한 설명이에요. 문장을 끝까지 읽어 보고 괄호 안에 공통적으로 들어갈 글자를 써 보세요.

서대문에 있는 독립문은 1896년 독립협회가 국민의 성금을 모아서 세웠어요. 원래 이 곳에는 (   )이 있던 자리였어요. (   )은 조선 시대에 중국에서 온 사신들을 맞이하던 곳이었어요. 독립협회가 이 곳에 독립문을 세운 이유는 중국의 영향에서 벗어나 조선이 자기 힘으로 굳게 서기를 바랐기 때문이었지요.

정답은 56쪽에

유네스코 역사 보물,《승정원일기》

《승정원일기》는 자료의 우수성이 확인되어 1999년 4월 9일 국보 제303호로 지정되었어요. 그리고 2001년 9월에는 유네스코 세계기록유산으로 등재되었답니다. 그런데 《승정원일기》는 세계기록유산으로 등록되는 과정에서 국제자문위원회의 엄격한 질문을 받았다고 해요. 《조선왕조실록》이 이미 기록유산으로 등록된 마당에 《승정원일기》까지 지정되어야 하는 이유를 궁금해했던 것이지요. 아마도 제대로 된 국가 기록물을 갖추지 못한 다른 나라들은 국가가 나서서 나랏일을 글로 남기고, 또 그런 일을 하는 곳이 여러 곳이라는 사실이 선뜻 이해가 되지 않았을 거예요. 국가의 공식 연대기 기록이 두 개나 세계기록유산으로 등록된 것은 그만큼 조선 시대 기록 문화가 뛰어났음을 보여 주는 것이지요.

세계기록유산이 궁금해

유네스코에서는 옛 기록들 중에서도 특별히 보존할 가치가 있는 것을 골라 세계기록유산으로 지정하고 있어요. 1995년부터 시작해서 지금은 전 세계적으로 158점의 기록을 보호하게 됐어요.

그럼 다른 나라의 기록유산에는 어떤 것들이 있을까요?

노르웨이에는 입센의 희곡 《인형의 집》 필사본이 있고, 덴마크에는 우리에게 매우 친숙한 동화 작가 안데르센이 남긴 원고와 편지가 있지요.

독일에는 베토벤의 교향곡 〈합창〉의 악보와 구텐베르크의 성경, 중국에는 서양 세력이 밀

> **유네스코 세계유산이란 무엇일까요?**
>
> 오래 전에 살았던 동물이나 식물은 흔적을 화석으로 남기지만 인간은 문화 유적을 남겨요. 그런데 이런 유적들은 자연 재해나 전쟁으로 파괴될 위험에 처해 있는 경우가 많아요. 유네스코에서는 중요하게 여겨지는 문화유산과 후손에게 남겨 주어야 할 자연유산을 지정해서 보호하고 있어요. 여기에는 기록으로 남아 있는 중요한 기록유산도 포함되지요. 이 모두를 세계유산이라고 하며, 세계유산은 전 인류가 공동으로 보존해야 한답니다.

려 오던 시기인 청나라 때의 기록물이 있어요.

　이런 종이 형태 외에도 아문센이 남극 탐험을 하면서 남긴 필름도 있고, 영화 〈오즈의 마법사〉의 필름도 세계기록유산이에요. 〈오즈의 마법사〉는 영화가 산업이 될 수 있다는 것을 알린 첫 번째 작품이랍니다.

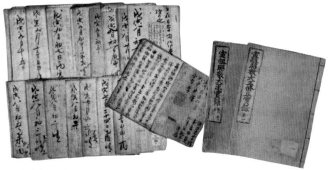

우리나라는 《훈민정음》과 《조선왕조실록》 《승정원일기》 《직지심체요절》에 이어 2007년에 조선왕조 의궤와 고려대장경판이 세계기록문화유산으로 등재되었어요.

여성 참정권 탄원서

1893년에 3만 명 이상의 뉴질랜드 여성이 여성들에게 투표권을 달라고 서명하여 의회에 제출한 탄원서예요. 1997년 유네스코에 의해 세계기록유산으로 등재되었어요.

구텐베르크 성경

15세기 독일 활판인쇄술의 창시자 요하네스 구텐베르크가 출판해 낸 성경이에요. 이 활판 인쇄술로 찍어 낸 성경은 중세 시대 종교개혁에 큰 영향을 미쳤어요.

오즈의 마법사

영화 〈오즈의 마법사〉 필름은 영화 산업을 일으키는 데 커다란 역할을 했다는 공로로 3번의 시도 끝에 세계기록유산으로 등재되었어요.

세계문화유산만 살펴보아도 역사 공부가 되겠어!

《승정원일기》를 마치며

《승정원일기》는 우리 선조들의 땀과 노력으로 완성된 세계 최대의 역사기록물이에요. 그리고 이 책에는 역사의 순간을 보여 주는 대부분의 기록들이 담겨 있지요. 우리 역사 기록의 중요한 보물로 평가받는《승정원일기》가 한 장씩 그 꺼풀을 벗는다면, 300년간의 조선 후기 역사가 좀 더 선명해질 거예요. 또 우리 역사를 살아간 임금과 신하, 백성들의 모습도 생생하게 드러나겠지요.

이제 《승정원일기》를 덮을 시간이에요. 《승정원일기》를 통해 조선 시대 기록문화 속으로 여행한 느낌이 어떤가요? 우리 선조들이 남긴 문화유산의 깊이가 어느 정도인지 조금은 새롭게 다가왔나요? 사실 한 시대를 기록으로 남긴다는 것은 대단한 용기가 필요해요. 왜냐하면 그 시대를 살아가면서 칭찬받을 일도 있을 테지만 잘못해서 비난받을 일도 많거든요. 그 당시는 아주 잘한 일 같지만 시간이 지나고 보면 누가 더 잘했는지,

임금이 된다면
《승정원일기》를
꼭 읽겠어!

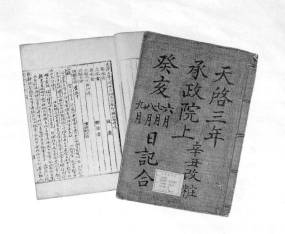

잘못했는지 입장이 바뀌는 경우도 많고요. 사람은 누구나 비난을 두려워
하고 피하고 싶어하지요. 이런 점에서 보면 조선 시대를 이끌었던 임금
의 행적을 낱낱이 적은 《승정원일기》는 후대를 위한 최고의 선물일 거예
요. 선조들의 꿈과 이상, 노력과 경험, 성공과 실패를 기록을
통해 고스란히 전해 주고 있으니까요.

　《승정원일기》를 통해 과거의 역사와 만나고, 그 과거의 역사
를 오늘에 비추어 생각해 보고, 또 내일을 열어 갈 지혜를 얻
기를 바라요.

선대 임금들은
이 문제들을 여러 방법으로
해결하려고 했군.

나는 승정원일기 박사!

《승정원일기》에서 조선 시대 임금의 숨결을 느껴 보았나요? 임금이 어떻게 살았는지 자세히 소개되어 있는 내용을 보고, 조선 사람들의 기록 정신을 새삼 감탄하게 되었지요? 그럼, 여기에서 《승정원일기》에 대해 얼마나 알고 있나 문제를 풀어 보고 확인해 보세요.

❶ 날씨를 알아보세요.

다음의 글자들은 《승정원일기》에 표시된 날씨의 상태를 말해요. 글자들은 각각 어떤 날씨를 말하는지 내용에 맞게 연결해 보세요.

☀ •	雨 •	• 때때로 맑고 흐림
🌙 •	或 陰 或 晴 •	• 안개
⛄ •	雪 •	• 눈
🌧 •	晴 •	• 비
🌫 •	雲 氣 •	• 흐림
☁ •	陰 •	• 맑음

❷ 괄호 안에 알맞은 이름을 써 보세요.

다음의 사진들은 조선 시대의 기록 문화를 보여 주는 책들이에요. 책들은 각각 어떤 것들인지 사진 밑에 알맞은 이름을 보기 에서 골라 써 보세요.

> 보기   《비변사등록》 《승정원일기》 《조선왕조실록》 《일성록》

(   )   (   )   (   )   (   )

③ 승정원이 있던 곳을 찾아보세요.

다음의 그림은 동궐도예요. 동궐도는 경복궁의 동쪽에 있는 궁궐인 창덕궁과 창경궁을 그린 그림이지요. 승정원은 동궐인 창덕궁의 인정전 옆에 자리하고 있었어요. 동궐도에 표시된 화살표 중 어느 곳에 승정원이 있었는지 동그라미해 보세요.

④ 《승정원일기》에 대해 평가해 보세요.

《승정원일기》는 조선 시대 임금의 비서실 역할을 했던 승정원에서 임금의 일거수일투족을 낱낱이 기록한 국가 공식 기록물이에요. 임금의 숨결까지도 놓치지 않고 상세하게 기록해 놓은 《승정원일기》를 왜 유네스코에서 세계기록유산으로 등재했을까요? 여러 사람들이 이에 대해 많은 이야기를 했지요. 그렇나면 여러분은 어떻게 생각하나요? 어떤 점 때문에 《승정원일기》가 가치가 있을까요? 다음 친구들의 의견을 들어보고, 자신의 생각을 정리해 보세요.

과거의 일을 알아내려면 그 때 살았던 사람들이 남겨 놓은 기록이 매우 중요해. 그런데 《승정원일기》는 매일매일 임금과 관련된 일이라면 하나도 놓치지 않고 모두 기록해 놓았잖아. 그러니까 임금이 그때 한 일을 지금에 와서도 알 수 있는 거야.

우리가 《승정원일기》의 기록을 아는 것도 중요하겠지. 하지만 내가 보기에는 그보다 당시의 날씨나 물가 정보 등 어떤 사회 현상을 미루어 짐작해 볼 수 있어서 더 가치가 있다고 생각해.

정답은 56쪽에

세계문화유산 카드 만들기

유네스코가 지정한 세계문화유산을 조사해 카드를 만들어 보아요. 세계문화유산은 문화유산, 기록유산, 무형유산, 자연유산 등 네 가지이므로 종류별로 카드를 만들어 놓으면 문화유산을 쉽게 찾을 수 있어요. 또 내용 정리도 잘 되어 있어 한눈에 알아보기가 편리해요.

세계문화유산 조사하기

유네스코가 지정한 세계문화유산에는 어떤 것이 있는지 먼저 조사해야 해요. 또 우리나라 문화유산만이 아니라 세계문화유산도 함께 조사해 서로 비교하면 인류가 남긴 문화유산의 가치와 소중함을 더 크게 느낄 수 있을 거예요.

분류해서 카드 목록 정하기

조사한 내용을 어떻게 하면 알아보기 쉽고, 찾기 편하게 분류할 것인지 정해야 해요. 우리나라 편과 해외 편을 나누어 카드 색깔을 다르게 하면 훨씬 알아보기 쉬울 거예요. 또 우리나라의 세계문화유산도 종류별로 구분해야겠지요. 색깔별로 분류했다면 순서를 어떻게 할지도 정해야 해요. 가장 간편하면서도 찾아보기 쉬운 순서는 ㄱ, ㄴ, ㄷ 순이에요. 한편 세계문화유산은 해마다 늘어나는데 늘어날 때마다 카드를 새로 만들어야 한다면 너무 번거로워요. 이럴 때 ㄱ, ㄴ, ㄷ 순이면 ㄱ-①, ㄴ-① 하는 식으로 추가하는 목록을 순서에 알맞게 -를 붙여 정리할 수 있어요. 정말 간편하지요.

카드 내용 선정하기

세계문화유산에 들어갈 목록을 정한 후, 분류를 하고 순서를 정했다면 이제 카드에 어떤 내용을 담을지 정해야 해요. 《승정원일기》라면 《승정원일기》가 무엇인지, 누가 썼는지, 어떤 가치를 담고 있는지, 언제 세계기록유산으로 등재되었는지, 어디에 가면 볼 수 있는지 등에 대해 요약해서 정리해요.

카드 만들기

그럼 이제 카드를 만들어요. 카드의 색깔은 전부 네 가지예요. 세계문화유산 중에서 우리나라에 있는 세계문화유산, 기록유산, 무형유산, 자연유산 등의 색깔을 구분해 만들어요. 우리나라 편, 해외 편으로 구분해서 덧붙여도 좋겠지요. 이렇게 구분된 색깔 안에 표를 그리고 기록할 내용을 정리해 보세요. 정리할 때에는 요점만 간단하게 쓰고, 알아보기 쉽게 중요한 부분에 줄을 그어요.

카드 꽂기

카드가 다 만들어졌다면 카드 한 쪽에 구멍을 뚫어 고리를 만들어 묶거나, 상자에 넣어 보관해요. 고리를 만들면 찢어질 위험이 있으니 이왕이면 상자에 넣어 보관할 수 있도록 만들어요. 상자를 멋있게 꾸미면 나만의 세계문화유산 카드함이 되겠지요. 우리 친구들도 한번 도전해 보세요.

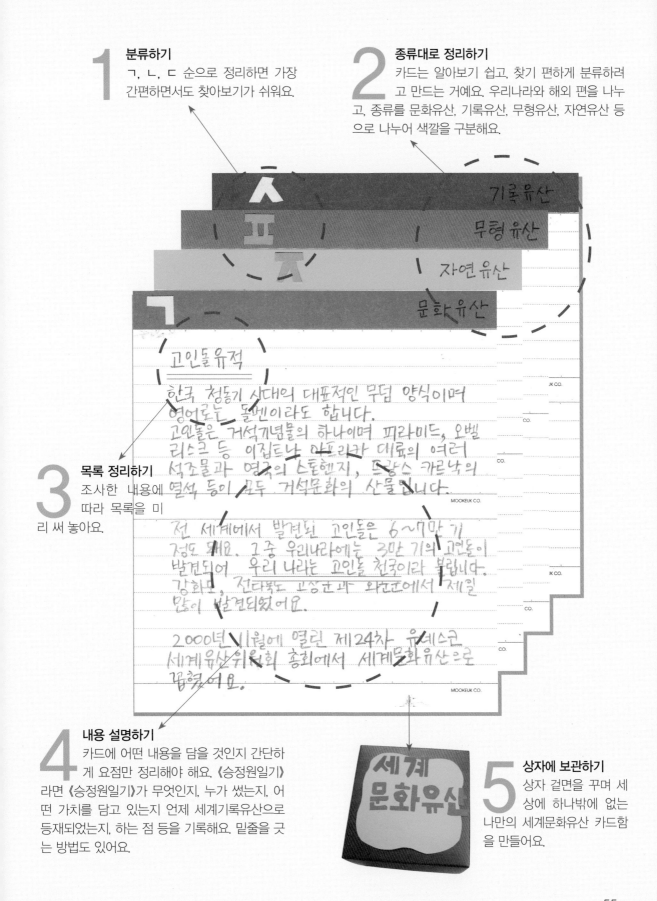

1 분류하기
ㄱ, ㄴ, ㄷ 순으로 정리하면 가장 간편하면서도 찾아보기가 쉬워요.

2 종류대로 정리하기
카드는 알아보기 쉽고, 찾기 편하게 분류하려고 만드는 거예요. 우리나라와 해외 편을 나누고, 종류를 문화유산, 기록유산, 무형유산, 자연유산 등으로 나누어 색깔을 구분해요.

기록유산

무형유산

자연유산

문화유산

고인돌유적

한국 청동기 시대의 대표적인 무덤 양식이며 영어로는 돌멘이라도 합니다.
고인돌은 거석기념물의 하나이며 피라미드, 오벨리스크 등 이집트나 아프리카 대륙의 여러 석조물과 영국의 스톤헨지, 프랑스 카르낙의 열석 등이 모두 거석문화의 산물입니다.

전 세계에서 발견된 고인돌은 6~7만 기 정도 돼요. 그중 우리나라에는 3만 기의 고인돌이 발견되어 우리 나라는 고인돌 천국이라 불립니다. 강화도, 전라북도 고창군과 화순군에서 제일 많이 발견되었어요.

2000년 11월에 열린 제24차 유네스코 세계유산위원회 총회에서 세계문화유산으로 꼽혔어요.

3 목록 정리하기
조사한 내용에 따라 목록을 미리 써 놓아요.

4 내용 설명하기
카드에 어떤 내용을 담을 것인지 간단하게 요점만 정리해야 해요. 《승정원일기》라면 《승정원일기》가 무엇인지, 누가 썼는지, 어떤 가치를 담고 있는지 언제 세계기록유산으로 등재되었는지, 하는 점 등을 기록해요. 밑줄을 긋는 방법도 있어요.

세계 문화유산

5 상자에 보관하기
상자 겉면을 꾸며 세상에 하나밖에 없는 나만의 세계문화유산 카드함을 만들어요.

정답

나는 승정원일기 박사!

❶ 날씨를 알아보세요.

다음의 글자들은 《승정원일기》에 표시된 날씨의 상태를 말해요. 글자들은 각각 어떤 날씨를 말하는지 내용에 맞게 연결해 보세요.

☀	雨	때때로 맑고 흐림
	或陰或晴	안개
	雪	눈
	晴	비
	雲 氣	흐림
	陰	맑음

❷ 괄호 안에 알맞은 이름을 써 보세요.

다음의 사진들은 조선 시대의 기록 문화를 보여 주는 책들이에요. 책들은 각각 어떤 것들인지 사진 밑에 알맞은 이름을 보기에서 골라 써 보세요.

《조선왕조실록》

《일성록》

《승정원일기》

《비변사등록》

❸ 승정원이 있던 곳을 찾아보세요.

다음의 그림은 동궐도예요. 동궐도는 경복궁의 동쪽에 있는 궁궐인 창덕궁과 창경궁을 그린 그림이지요. 승정원은 동궐인 창덕궁의 인정전 옆에 자리하고 있었어요. 동궐도에 표시된 화살표 중 어느 곳에 승정원이 있었는지 동그라미해 보세요.

❹ 《승정원일기》에 대해 평가해 보세요.

《승정원일기》는 조선 시대 왕의 비서실 역할을 했던 승정원에서 임금의 일거수일투족을 낱낱이 기록한 국가 공식 기록물이에요. 임금의 숨결까지도 놓치지 않고 상세하게 기록해 놓은 《승정원일기》를 왜 유네스코에서 세계기록유산으로 등재했을까요? 여러 사람들이 이에 대해 많은 이야기를 했어요. 그렇다면 여러분은 어떻게 생각하나요? 어떤 점 때문에 《승정원일기》가 가치가 있을까요? 다음 친구들의 의견을 들어보고, 자신의 생각을 정리해 보세요.

예) 《승정원일기》는 우리가 살지 않았던 조선 시대 임금과 조정의 활동을 알려 주는 기록물로, 현대의 사람들에게 과거의 이야기를 들려줘요. 이런 기록을 통해 후대의 사람들은 조상들의 생각과 지혜를 배울 수 있어요.

몇 점인지 맞혀 볼까?

사진

주니어김영사 8p(종묘제례 재현 행사 장면), 11p(창덕궁 인정전, 승정원 터), 26p(측우기), 34p(내의원), 42p(청계천), 43p(수표교, 광통교)

고려대학교 박물관 11p(동궐도)

국립고궁박물관 35p(영조 어진)

서울대학교 규장각 한국학 연구원 13p(육전조례), 18p(규장각 지하서고, 규장각 전경), 19p(승정원일기 서고), 27p(승정원일기 초고), 28p(화성성역의궤), 29p(승정원일기 내지), 30p(승정원일기 표지 및 내지), 37p(일성록, 조선왕조실록, 비변사등록), 43p(준천시사열무도), 44~45p(영조 정순왕후 가례도감의궤), 49p(조선왕조실록)

비단구두 30p(창경궁 숭문당), 32p(경복궁 전경), 49p(구텐베르크 성경, 오즈의 마법사, 여성 참정권 탄원서), 55p(세계문화유산 카드)

클립아트코리아 31p(창덕궁 희정당)

초등학교 교과서와 관련된 학년별 현장 체험학습 추천 장소

1학년 1학기 (21곳)	1학년 2학기 (18곳)	2학년 1학기 (21곳)	2학년 2학기 (25곳)	3학년 1학기 (31곳)	3학년 2학기 (37곳)
철도박물관	농촌 체험	소방서와 경찰서	소방서와 경찰서	경희대자연사박물관	IT월드(과천정보나라)
소방서와 경찰서	광릉	서울대공원 동물원	서울대공원 동물원	광릉수목원	강원도
시민안전체험관	홍릉 산림과학관	농촌 체험	강릉단오제	국립민속박물관	경희대자연사박물관
천마산	소방서와 경찰서	천마산	천마산	국립서울과학관	광릉수목원
서울대공원 동물원	월드컵공원	남산골 한옥마을	월드컵공원	국립중앙박물관	국립경주박물관
농촌 체험	시민안전체험관	한국민속촌	남산골 한옥마을	기상청	국립고궁박물관
코엑스 아쿠아리움	서울대공원 동물원	국립서울과학관	한국민속촌	서대문자연사박물관	국립국악박물관
선유도공원	우포늪	서울숲	농촌 체험	선유도공원	국립부여박물관
양재천	철새	갯벌	서울숲	시장 체험	국립서울과학관
한강	코엑스 아쿠아리움	양재천	양재천	신문박물관	남산
에버랜드	짚풀생활사박물관	동굴	선유도공원	경상북도	남산골 한옥마을
서울숲	국악박물관	고성 공룡박물관	불국사와 석굴암	양재천	롯데월드 민속박물관
갯벌	천문대	코엑스 아쿠아리움	국립중앙박물관	경기도	국립민속박물관
고성 공룡박물관	자연생태박물관	옹기민속박물관	국립민속박물관	이화여대자연사박물관	삼성어린이박물관
서대문자연사박물관	세종문화회관	기상청	전쟁기념관	전쟁기념관	서대문자연사박물관
옹기민속박물관	예술의 전당	시장 체험	판소리	천마산	선유도공원
어린이 교통공원	어린이대공원	에버랜드	DMZ	한강	소방서와 경찰서
어린이 도서관	서울놀이마당	경복궁	시장 체험	화폐금융박물관	시민안전체험관
서울대공원		강릉단오제	광릉	호림박물관	경상북도
남산자연공원		몽촌역사관	홍릉 산림과학관	홍릉 산림과학관	월드컵공원
삼성어린이박물관		국립현대미술관	국립현충원	우포늪	육군사관학교
			국립4·19묘지	소나무 극장	해군사관학교
			지구촌민속박물관	예지원	공군사관학교
			우정박물관	자운서원	철도박물관
			한국통신박물관	서울타워	이화여대자연사박물관
				국립중앙과학관	제주도
				엑스포과학공원	천마산
				올림픽공원	천문대
				전라남도	태백석탄박물관
				경상남도	판소리박물관
				허준박물관	한국민속촌
					임진각
					오두산 통일전망대
					한국천문연구원
					종이미술박물관
					짚풀생활사박물관
					토탈야외미술관

4학년 1학기 (34곳)	4학년 2학기 (56곳)	5학년 1학기 (35곳)	5학년 2학기 (51곳)	6학년 1학기 (36곳)	6학년 2학기 (39곳)
강화도	IT월드(과천정보나라)	갯벌	IT월드(과천정보나라)	경기도박물관	IT월드(과천정보나라)
갯벌	강화도	광릉수목원	강원도	경복궁	KBS 방송국
경희대자연사박물관	경기도박물관	국립민속박물관	경기도박물관	덕수궁과 정동	경기도박물관
광릉수목원	경복궁 / 경상북도	국립중앙박물관	경복궁	경상북도	경복궁
국립서울과학관	경주역사유적지구	기상청	덕수궁과 정동	고성 공룡박물관	경희대자연사박물관
기상청	경희대자연사박물관	남산골 한옥마을	경상북도	국립민속박물관	광릉수목원
농촌 체험	고창·화순·강화 고인돌유적	농업박물관	경희대자연사박물관	국립서울과학관	국립민속박물관
서대문자연사박물관	전라북도	농촌 체험	고인쇄박물관	국립중앙박물관	국립중앙박물관
서대문형무소역사관	고성 공룡박물관	서울국립과학관	충청도	농업박물관	국회의사당
서울역사박물관	충청도	서울대공원 동물원	광릉수목원	롯데월드 민속박물관	기상청
소방서와 경찰서	국립경주박물관	서울숲	국립공주박물관	몽촌토성과 풍납토성	남산
수원화성	국립민속박물관	서울시청	국립경주박물관	민주화현장	남산골 한옥마을
시장 체험	국립부여박물관	서울역사박물관	국립고궁박물관	백범기념관	대법원
경상북도	국립서울과학관	시민안전체험관	국립민속박물관	서대문자연사박물관	대학로
양재천	국립중앙박물관	경상북도	국립서울과학관	서대문형무소 역사관	민주화 현장
옹기민속박물관	국립국악박물관 / 남산	양재천	국립중앙박물관	서울역사박물관	백범기념관
월드컵공원	남산골 한옥마을	강원도	남산골 한옥마을	조선의 왕릉	아인스월드
철도박물관	농업박물관 / 대법원	월드컵공원	농업박물관	성균관	서대문자연사박물관
이화여대자연사박물관	대학로	유명산	롯데월드 민속박물관	시민안전체험관	국립서울과학관
천마산	롯데월드 민속박물관	제주도	충청도	경상북도	서울숲
천문대	몽촌토성과 풍납토성	짚풀생활사박물관	서대문자연사박물관	암사동 선사주거지	신문박물관
철새	불국사와 석굴암	천마산	성균관	운현궁과 인사동	양재천
홍릉 산림과학관	서대문자연사박물관	한강	세종대왕기념관	전쟁기념관	월드컵공원
화폐금융박물관	서울대공원 동물원	한국민속촌	수원화성	천문대	육군사관학교
선유도공원	서울숲	호림박물관	시민안전체험관	철새	이화여대자연사박물관
독립공원	서울역사박물관	홍릉 산림과학관	시장 체험 / 신문박물관	청계천	중남미박물관
탑골공원	조선의 왕릉	하회마을	경기도	짚풀생활사박물관	짚풀생활사박물관
신문박물관	세종대왕기념관	대법원	강원도	태백석탄박물관	창덕궁
서울시의회	수원화성	김치박물관	경상북도	해인사 고려대장경과 장경판전	천문대
선거관리위원회	승정원일기 / 양재천	난지하수처리사업소	옹기민속박물관	호림박물관	우포늪
소양댐	옹기민속박물관	농촌, 어촌, 산촌 마을	운현궁과 인사동	유니세프 한국위원회	판소리박물관
서남하수처리사업소	월드컵공원	들꽃수목원	육군사관학교	무령왕릉	한강
중랑구재활용센터	육군사관학교	정보나라	이화여대자연사박물관	현충사	홍릉 산림과학관
중랑하수처리사업소	철도박물관	드림랜드	전라북도	덕포진교육박물관	화폐금융박물관
	이화여대자연사박물관	국립극장	전쟁박물관	서울대학교 의학박물관	훈민정음
	조선왕조실록 / 종묘		창경궁 / 천마산	상수허브랜드	상수도연구소
	종묘제례		천문대		한국자원공사
	창경궁 / 창덕궁		태백석탄박물관		동대문소방서
	천문대 / 청계천		한강		중앙119구조대
	태백석탄박물관		한국민속촌		
	판소리 / 한강		해인사 고려대장경과 장경판전		
	한국민속촌		화폐금융박물관		
	해인사 고려대장경과 장경판전		중남미문화원		
	호림박물관		첨성대		
	화폐금융박물관		절두산순교지		
	훈민정음		천도교 중앙대교당		
	온양민속박물관		한국에너지기술연구원		
	아인스월드		한국자수박물관		
			초전섬유퀼트박물관		